Steere來台日期及路線圖

從廈門來
[1873.10.03]

1873.10.03 淡水Tamsui
1873.12.17-30
1873.11.25
基隆Kelun
1873.12.05

1873.11.25 新庄Sinchin

竹塹Tekcham
1873.11.24

中港Tung-Kiang
1873.11.23-24

後龍
Oulan
1873.11.23

內社Laisia
[1873.11.23]

大社
Toasia
1873.11.12

東勢Tungshih
大湳Toalam

彰化
Changwha

1873.11
霧社Busia

[1873.11.09]
1873.10.23
湄溪Tungan
埔社Posia

1873.10.18

水社Tsuisia

澎湖
Pescadores

漁翁島
Saysou

馬公
Makong

1874.01.15-25

嘉義
Kagee
1873.10.15

前往廈門
1874.04.01

臺灣府Taiwanfu
1873.10.12-14
1874.01.02-05
1874.01.28

崗仔林Kongana
1874.01.05-09

舊城Koosia
1874.01.01
埤頭Pitao

萬金庄Bankimseng
佧偏番Kale-whan
1874.03.18-21

打狗
1873.10.06-11
1874.01.01
[1874.03.16]
1874.03.23-31
Takaw

圖說

路線：
〈 第一趟，前來台灣及探訪各地
〈 第二趟，探訪各地並前往澎湖群島
〈 第三趟，探訪南台灣
〈 第四趟，離開台灣
（每一趟主要行程皆用同一顏色來表示）

日期：
括弧內為離開的時間，其他則為抵達的
時間，這期間便是停留的時間。

史蒂瑞訪台的路線及日期

廈門 —海路→ 淡水 —海路→ 打狗 —海路→ 台灣府 —陸路→ 嘉義 —→
1873/9　　　　10/3　　　　10/4-6　　　10/11-12　　　10/15
　　　　　　　　　　　　　　　　　　　10/14離開

水社 —→ 埔社 —→ 湄溪 —→ 埔社 —→ 大社
10/18　　10/23-11/9　　11月　　　11月　　　11/12
　　　　　停留兩周　　　　　　　11/9離開

(期間往返大湳) —→ 內社 —→ 後龍 —→ 中港 —→ 竹塹
　　　　　　　　　　11/19　　11/23　　11/23　　11/24

—→ 新庄 —乘船→ 淡水 —乘船→ 基隆 —→ 淡水 —海路→ 打狗 —陸路→
　　11/25　　　　11/25　　　　12/5　　12/17　　　12/31

舊城 —陸路→ 台灣府 —→ 崗仔林 —→ 台灣府 —海路→ 澎湖 —海路→
1874/1/3　　　1/4　　　1/5-9　　　1/10　　　　1/15

台灣府 —→ 打狗 —→ 萬金庄 —→ 傀儡番 —→ 萬金庄 —→
1/26　　　2月　　　3/17　　　3/18-21　　　3/21-22
　　　　　3/16離開

打狗 —→ 廈門 —→ 廣州 —→ 香港
3/23-31　　4/1　　4/10　　1874/5/1

【校註】

此路線圖的編製，大部分是根據「密西根大學史蒂瑞1870-1875探險遠行：史蒂瑞第一次探險遠行的行程與年表」，此一資料可能是由T. H. Hubbell於1964年10月12日所編纂的。

Formosa and Its Inhabitants

福爾摩沙及其住民

19世紀美國博物學家的台灣調查筆記

Joseph Beal Steere 原著

林弘宣 譯　李壬癸 校註

前衛出版
AVANGUARD

感念

台灣經典寶庫 4

《福爾摩沙及其住民》

承全美台灣人權協會

王康陸博士紀念基金會

共同認養贊助出版

永誌感謝與讚美

李壬癸序 ❶

　　史蒂瑞（Joseph Beal Steere, 1842-1940）是前密西根大學的動物學教授。他在台灣待了6個月，從1873年10月3日至1874年3月31日，收集了許多動物和植物標本。結果，有一種鳥以及好幾種植物是用他的名字來加以命名。他同時也收集了好幾種原住民的語言資料。他在島上期間，訪問了五個南島民族的族群，分別是：日月潭的水社（邵族）、埔里的「熟番」（巴宰族）、湄溪的「生番」（賽德克亞族）、「平埔番」（西拉雅族），以及「傀儡番」（排灣族）❷。他對於當地居民的描述，可以說是超越了之前所有的作家。此外，他對於南島民族及漢人（閩南人與客家人）的觀察，提供了當時台灣社會的詳細狀況。為了訪問原住民部落，他必須雇用一個翻譯人員以及數個挑夫來揹負他的行囊和設備，並用兩隻腳徒步走訪所有的路程。他有一次訪問「生番」（賽德克亞族）部落時，還差一點就喪命於高山的獵頭族手上。

　　事實上，史蒂瑞是最早描述台灣的自然史，以及五種南島民族語言的人士。他收集了一百多個詞彙，而且每一種語言都舉了好幾個例句。其中，平埔族的語言是個例外，他只有舉出三個非常簡短的句子。另一方面，他也收集了超過二十份以羅馬拼音書寫的平埔

族土地買賣契約文件。史蒂瑞所收集的這些寶貴資料，比起日本學者村上直次郎（Murakami）於1933年所出版的〈新港文書〉（ "Sinkan Manuscripts"），整整早了六十年。

　　當今的密西根大學亨利・萊特教授（Henry Wright），讓我第一次注意到史蒂瑞所收集的標本（珍藏在密西根大學的人類學博物館），以及他的手稿資料（珍藏在密西根大學的班特利歷史博物館）。我在2001年12月以及2002年6月，兩度專程前往安那波爾（Ann Arbor，密西根大學所在地），每次各停留一個星期。我有幸檢視史蒂瑞的手稿資料，並影印了當中有關台灣的較重要部分。其中有一份標題叫做「福爾摩沙及其住民」的未出版專文，特別吸引我的注目。（事實上，在史蒂瑞的所有檔案資料中，只有極少數的資料曾經付諸出版，請參見Steere 1874, 1874/75, 1938）史蒂瑞的這份親筆手稿，提供了我們1873-74年間台灣的概略情形，當時台灣的大部分山區還是森林密佈，住著野蠻的原住民族。我隨後透過一個學術機構，設法出版史蒂瑞的這份資料。我第二次去密西根大學，便是去替這份已打好字的資料做最後的校對工作❸。

李壬癸

中央研究院語言學研究所

2002年6月寫於安那波爾

1. 譯按：原文為英文，由本書校註者中研院李壬癸院士所寫，林弘宣節譯。
2. 校註：這五種原住民族乃是根據史蒂瑞所做的語言記錄來加以區分的。
3. 譯按：以下三大段從略，詳見後文〈《福爾摩沙及其住民》及其作者Steere〉。

參考文獻：

Steere, Joseph Beal

  1874 [The aborigines of] Formosa. *Journal of the American Geographical Society of New York* 6: 302-334. New York.

  1874/5 The aborigines of Formosa. *China Review* 3: 181-185.

  1938 An American naturalist in the Far East. *Michigan Alumnus Quarterly Review* 9: 47-52

譯　序

　　大約三十五年前，當我第一次去日月潭附近的九族村參觀時，發現當時每一村的村口掛著的台灣九個原住民部落的簡介，全都是根據同一個日本人的研究資料寫的。身為台灣人，我深感汗顏。同一個時期，有一次在新北投搭公車，突然有一位老人家匆匆跑過來問司機：「這台車有駛到艋舺無？」司機回答說：「無！這台車要去萬華啦！」我趕緊請那老人家上車，並告訴司機說：艋舺就是萬華。前幾年在一個春暖花開的三月天，我獨自到基隆的和平島去遊覽。約中午時分，我在河邊一家小海產店吃海產，同時喝點小酒。隔桌一大群討海人在享受他們剛從海上捕到的紅魽，一魚三吃，真叫人垂涎三尺。正好電視上在播報美麗島事件部分檔案在國父紀念館展出的消息。隔桌的老船長情不自禁的感嘆道：幹！美麗島到底在什麼所在啦？我討海一世人，就是獨獨無去過美麗島！我在一旁聽到老船長的感嘆，頓覺臉紅，於是立刻買單走人。中研院一個朋友告訴我，她指導一些博士後研究幹細胞的年輕學子之餘，問他們有關美麗島事件的觀感，結果沒有一個學員聽說過美麗島事件。博士後研究員甚至漠不關心當代的台灣歷史、人文、地理……，我們能夠取笑老船長或中年司機嗎？

　　我感謝前衛出版社林文欽先生，讓我有機會翻譯這本書。許多動

物、植物、魚類、昆蟲、礦物、土壤、人種、語言等等的名稱都是我第一次查字典才知道的。許多名詞查了字典還不清楚，就請教一些專家，活到老學到老，我何其有幸。我也感謝中研院李壬癸院士，沒有他的英文編輯以及出版，我們根本無從讀到這本書。

在一些必要的地方，我徵得林文欽先生的同意，也加鹽加醋，做了一些說明和註解，目的是使讀者更能夠瞭解一百四十年前台灣的種種情形。作者博學多聞，但是偶而也難免有錯誤，尤其他的羅馬拼音不夠準確，這方面剛好我可以幫上忙，予以改正。作者文筆流暢風趣，讀起來像遊記，不會有一般教科書的枯燥無味，卻又不失其科學求真的精神。對於食衣住行乃至山川河水等等，他都不厭其煩的描述其細節。作者活到九十八歲，他所留下的這部作品，讀來賞心悅目，其壽命自然遠超過他短暫的人間之旅。

林弘宣

2008年9月於屏東內埔

《福爾摩沙及其住民》
及其作者 Steere [1]

　　有關台灣早期的歷史文獻，自從荷西時代以後，因爲清朝的閉關政策，很少西方人士能夠到台灣來做較長時間的逗留，也就沒有多少這一方面的西方文獻記錄。台灣開埠之後，從1860年起才有較多的歐美人士陸續到台灣來，他們留下不少第一手的訪查記錄，如Swinhoe (1858), Bullock (1874), Collingwood (1868), Mackay (1896), Ritchie (1875), Steere (1874, 1875), Taintor (1874) 等等，時間大都集中在1860至1875年之間。這些第一手的訪查記錄大都是刊登在期刊上的報導文章，後來成爲專書的只有馬偕博士（Mackay 1896）的那一部《福爾摩沙紀事》，可惜那是由別人代爲編輯出版，可能被刪掉不少有價值的資訊。直到最近我們才發現美籍學者Joseph Beal Steere（史蒂瑞）曾經於1873至1874年間在台灣調查研究長達半年之久，而且在1878年撰成了一部書稿：*Formosa and Its Inhabitants*（《福爾摩沙及其住民》），收藏在密西根大學圖書館Bentley Historical Library，一直都沒有出版。

註

　1. 譯按：原文爲中文。

　　這部書是在偶然的機會中被發掘出來的。1992年2月，我忽然收到密西根大學考古學教授Henry Wright寄來約20件新港文書的影印本，他想知道原件是否值得特別設法保存。我的初步看法是有價值，於是我就又影印了一份寄給土田滋教授，也請他鑑定，因他已研究西拉雅語多年，他很快就回我信說，那批契約文書很有價值。我把他的回信轉給Wright教授，並請他查閱有關Steere的檔案資料，特別是有關台灣的各種資料。一直到2001年7月，他才抽空到該校Bentley Historical Library去翻閱Steere生前所留下的各種手稿以及相關的資料，並且告訴我有各種資料，包括文稿 "Formosa and Its Inhabitants"（他把Inhabitants誤記作Languages），內容似乎很值得詳讀。這引起我很大的興趣，毅然決定於2001年12月間親自到密大去看Steere的這批資料。我的興趣主要在台灣南島語言資料。我翻過各種館藏的資料之後，雖然所能找到的語言資料很有限，而且大都已發表（見Steere 1874/75），但他的翔實記錄的確有助於讓我們瞭解十九世紀下半日本人治台之前台灣島民的實際狀況，對於台灣的史學、人類學、博物學都有很高的參考價值。

　　Steere於1873年10月初從香港搭船到淡水，他再從淡水搭船到高雄港，當時走水路比陸路要容易得多。他在高雄港附近探險之後，就從高雄坐船趕到台南的安平港，要跟蘇格蘭傳教士甘為霖（William Campbell）、英國駐外領事通譯Bullock會合，三個歐美人士要一起結伴到中部內陸去調查或傳教。從此他展開對台灣內陸地區的調查工作，採集各種動植物標本，記錄原住民的語言文化。他先後走訪了這五個族群：日月潭的水社（邵族）、埔里的埔社（烏牛欄的巴宰族）、湄溪的「生番」（賽德克亞族）、再走訪大社和內社（巴宰族），最

後才到南部的崗仔林（西拉雅）、萬金庄（西拉雅）、「傀儡番」（Kalewhan，排灣族）。每到一處，他都有詳細的紀錄，包括各地的風土人情、生態環境、住屋、服飾、刺青、獵首、去齒、語言、音樂、船難等等，可說是應有盡有，鉅細靡遺。最難得的是，他不怕道路險阻，尤其生番地區處處隱伏殺機，隨時都有被獵人頭的危險。有一次他們冒險到霧社山區的湄溪（Tungan）去調查，在歸途中被數十個全副武裝的賽德克族人前後左右包圍起來，準備隨時動手。幸而他們保持冷靜，沒有被沖散。正在危急的時刻，有一隻鳥從頭上飛過去，Steere只開了一槍就把牠打了下來，這產生震懾作用，對方才不敢貿然動手。此情此景真是令人驚心動魄，可真是歷劫歸來。他們回到埔里，巴宰人都以為他們早就被宰了，竟然意外地平安歸來，大家都很熱誠地為他們慶幸一番。

　　且舉一個例子來說明這部書價值的一斑。在他已發表的論文（Steere 1874, 1874/5）中，他雖提到他收集到的新港文書及其書寫時代和背景，但並沒有說明那些新港文書採集的地點及如何取得。在書稿中他就有詳細的交代，原來他事先已聽到有那種用羅馬字母拼音的平埔族語文，專程前往搜購，他那一批契約文書都是從崗仔林部落酋長的手中以他的槍枝換取來的。因此我們才知道那幾件新港文書確實可以反應崗仔林西拉雅家族的經濟狀況。又如，他所記錄的西拉雅一百多個語彙，都是從更偏僻的山區，根據一位八十多歲的老婦口中問到的。那時她已忘掉了許多西拉雅語，她說連她的父母在世時都很少使用西拉雅語了。他這些背景資料可以提供我們推論：大約在十九世紀上半，西拉雅語就已逐漸消失了（請參見李壬癸著〈新發現十五件新港文書的初步解讀〉）。

本書分為兩大部分，各有六章，前半部寫Steere到台灣蒐集動植物標本以及各種人文地理資料的經過，尤其是有關南島民族的第一手資料；後半部寫有關台灣的歷史資料，以及當時各族群的狀況，有許多是引用別人的報告（有些報告在今日很不容易看到），也有他自己的觀察和意見。他寫得非常具體和細膩。有關台灣南島民族的實際情況，在他之前還沒有人寫得那麼翔實和生動。附錄有五種參考資料，大都是史蒂瑞有關台灣的紀錄和他所採集的資料❷，只有地圖是顯示他在台灣各地旅行的地點和時間，由編輯者繪製。

從這部書，我們可以看出當時台灣一般人的實際生活狀況，包括以下幾方面：

第一、那時陸路交通還很不發達，到內陸去更是沒什麼公路或大馬路，無論到哪裡都得走路，而且走彎彎曲曲的稻田之間的小路，行李得要雇用苦力來挑著走。旅社都非常簡陋，又髒又亂又吵，還得聞鴉片味！

第二、當時西部和南部的平原，漢人已有幾百萬人，平埔族的土地大都已落入漢人的手中了，他們的生計日益困難，只好向東遷移，退到山腳下去開發較貧瘠的土地，以地瓜為主食，生活艱苦異常。Steere對他們的處境相當同情，同時很欣賞他們的人品，而對漢人頗有微詞。

第三、平埔族（所謂的「熟番」）跟高山族（所謂的「生番」）生活

註

2. 譯按：中譯本沒有譯出附錄的參考資料，有興趣的讀者請自行參閱原著（2002年，中研院台灣史研究所籌備處出版）。

在兩種不同的世界，平埔族夾在漢人跟山地人之間，一方面受到漢人的壓迫，另一方面又遭受山地人的侵害。山地人不僅獵取漢人的頭，也獵取平埔族人的頭。儘管如此，平埔族跟山地人仍然定時定點以物易物，而且雙方的男人都要全副武裝，以防對方圖謀不軌。他們也常充當漢人跟山地人之間的通譯員或中間人。平埔族人普遍地漢化，向滿清政府納稅，生活大致都採用漢人的方式，而山地族群仍然保持原始的社會型態，年輕的男女都刺青，許多年輕的賽德克婦女都會吹奏口簧琴。

第四、就平埔族而言，當時他所訪查的邵族跟巴宰族的語言使用狀況都還很正常，但他們也都會說台語。邵族的年輕人都還去齒，巴宰族人都還在打獵。總之，這兩個平埔族群的語言文化保存的狀況都還良好。環湖的日月潭邵族的部落還有好幾個，人口還有一千人，不像今天這樣式微。

第五、在山區並沒有什麼醫療設施，物質也都很缺乏。Steere到賽德克部落中去，族人什麼都要。他不是醫生，但是好幾個有病的人都來請他做初步的治療。他一行人到排灣部落中去，有年輕的姑娘為他們唱歌，並且言明每位姑娘只要10銀元就賣。

第六、除了農耕以外，漁獵仍是平埔族人的重要生計之一。例如，住在埔里的巴宰人常到山上打獵，包括放陷阱和圍獵兩種方式，他們也到溪中捕魚。住在日月潭一帶的邵族人，更是經常在潭中捕魚。

無可否認的，這部書也有它的缺陷。在1870年代，一些相關的學科，如人類學和語言學，都還沒有發展出來，因此Steere當時的觀察和記錄，在今日看來難免略嫌粗糙一些。就他所調查的語言資料而

言，只收了一百多個單語及若干句子，顯然不足，也不成系統。不過，藉此極有限的語言資料，他已能大致看出幾種台灣南島語言之間的關係，以至它們跟台灣島以外的語言，如馬來語和幾種菲律賓語言的相互關係，從他所列舉的比較詞彙表就可以看出端倪。這就難能可貴了。

　　Steere畢竟不懂中文，對清代中文文獻完全陌生，因此他對平埔族遷移的年代之記錄（例如西部平埔族遷移到埔里），有時就跟實際的文獻記錄有一些出入。他本身是一位虔誠的基督徒（Quaker），對於西方傳教士在台灣傳教的成敗極為關注，已經偏離了學者應有的立場了。他對台灣平埔族的處境非常同情，而對漢人的恃強凌弱就深不以為然，這是可以理解的。其實他對於漢人有很深的偏見。例如，他認為漢人都是天生沒有音樂天份。又如他認為中國的落後，難以引進新科技，其中一個主要因素是使用方塊字的緣故！凡此種種，有智慧的讀者自然都會判斷是非曲直，也不致因為一些瑕疵就抹殺了他全書的價值。

李壬癸 2002年6月13日

於中央研究院語言學研究所

參考資料：

Bullock, T. L.（布洛克）

  1874 Formosan dialects and their connection with the Malay. *China Review* 3: 38-46.

Collingwood, Dr.

  1868 Visit to the Kibalan village of Sau-o Bay, Northeast coast of Formosa. *Transactions of the Ethnological Society N. S.* (London) 6: 135-143, 362-363.

Mackay, George Leslie（馬偕）

  1896 *From Far Formosa: The Island, its Peoples and Missions*, edited by the Rev. J. A. MacDonald. Fleming H. Revell Company.

Murakami, Naojiro（村上直次郎）

  1933 〈新港文書〉 "Sinkan Manuscripts." 《台北帝國大學文政學部紀要》卷2期1，*Memoirs of the Faculty of Literature and Politics, Taihoku Imperial University*, Vol. 2, No.1. Formosa: Taihoku Imperial University.

Ritchie, Hugh（李庥）

  1875 Notes of a journey in east Formosa. *The Chinese Recorder and Missionary Journal* 6: 206-211.

Steere, Joseph Beal（史蒂瑞）

  1874 [The aborigines of] Formosa. *Journal of the American Geographical Society of New York* 6: 302-334. New York.

  1874/5 The aborigines of Formosa. *China Review* 3: 181-185.

1938 An American naturalist in the Far East. *Michigan Alumnus Quarterly Review* 9: 47-52

Swinhoe, Robert（史溫侯）
1858-59 Narrative of a visit to the island of Formosa. *Journal of the North China Branch of the Royal Asiatic Society* 1: 145-164.

Taintor, E. C.
1874 The aborigines of northern Formosa. *Journal of the North China Branch of the Royal Asiatic Society N. S.* 9: 53-88.

李壬癸 Li, Paul
2002 〈新發現十五件新港文書的初步解讀〉，《台灣史研究》 *Taiwan History Research* 9 (2): 1-68。

劉克襄 Liu, Ke-hsiang
1989 《橫越福爾摩沙：外國人在台灣的探險與旅行》。台北：自立晚報社。

史蒂瑞小傳[1]

　　史蒂瑞是密西根的博物學家，他曾經在美洲以及東亞的許多地方探險調查，並在許多不同的領域，諸如考古學、植物學、民族學、人種學、語言學、古生物學以及動物學等等做出貢獻。

　　史蒂瑞生於密西根州的列那威郡（Lenawee County, Michigan）。他的父母都是學校老師，他們是虔誠的教友會（Quakers，即貴格會）信徒，因此孩子們都在傳統的貴格會信仰中長大。史蒂瑞一家人接著從事農耕，幾經遷移之後，終於在1853年定居密西根州的蒙特坎郡（Montcalm County, Michigan）。他們在邊疆地帶開墾，生活艱困。也許就在這段期間，史蒂瑞發展出對於大自然的興趣，也培養了在艱難中謀生及純熟運用槍枝的能力。史蒂瑞的正式教育是從鄉下學校開始的。1858年，當史蒂瑞十六歲時，他才開始在普瑞醫師（Dr. George W. Pray）的指導下，準備上大學。普瑞醫師是1845年密西根大學第一屆的畢業生。根據史蒂瑞晚年的回憶（大約在1935年，那時史蒂瑞已經93高

註

1. 譯按：本文作者密西根大學考古學教授亨利・萊特（Henry Wright），在1992年時曾寄資料給李壬癸教授，因而間接促成了本書英文版的出版。

齡了），普瑞醫師教授他拉丁文所使用的課本是凱撒的《高盧戰記》（Caesar's *Gallic Wars*），而古希臘文的課本則是色諾芬的《遠征記》（Xenophon's *Anabasis*）。普瑞醫師家族移居到安那波爾（Ann Arbor），而史蒂瑞在1864年畢業於安那波爾高中。史蒂瑞提及，他在高中時期開始研究植物學。畢業之後，他回到父親的農莊工作，直到他通過了大學入學考試。同年，他進入位於安那波爾的密西根大學就讀。大學時期，史蒂瑞盡可能地選修自然科學的課程。1868年他從「古典學院」（Classical School）獲得文學士學位，該學院就是如今的「文學、科學和藝術學院」（College of Literature, Science and the Arts）。根據史蒂瑞在1937年的回憶，他為了支付大學期間學雜費以及生活費的開支，經常到密西根北邊替園丁及庭園設計師採集常青樹。1870年，史蒂瑞完成了他的法學課程並獲得文憑。然而，他放棄了可能收入優渥的律師及法庭生涯，毅然決定獻身於他的終生興趣——自然科學。

在1870到1873年期間，史蒂瑞的旅途遍及今日的巴西、厄瓜多以及秘魯等中南美洲地區。他在亞馬遜河口挖掘古代馬拉若（Marajo）文化的墓塚（Evans and Meggers 1957），記錄許多亞馬遜河流域原住民的語言資料，並且收集了古生物學、考古學、植物學和動物學等方面的標本。1873年，他更橫越太平洋，在今日的中國、菲律賓、印尼以及馬來西亞等地區遊歷。

在中國期間，史蒂瑞曾經橫跨海峽，來到當時被稱作福爾摩沙的台灣。他在台灣花了六個月的時間，收集各種標本，同時記錄南島族群的語言，並且寫下他所訪問的部落之風土人情。本書就是根據史蒂瑞在台期間所記錄的手稿編輯而成的。

後來，史蒂瑞在菲律賓以及印尼也都做了類似的重要收集工作。

為了肯定他的貢獻，密西根大學於1875年頒給他榮譽博士學位，同時任命他為古生物學的助理教授，並且榮任密大「自然史博物館」館長。1879年他成為動物學和古生物學的正教授。後來他又進一步到菲律賓以及亞馬遜流域去探險。他的作品涉獵廣泛，不只談論科學，也涉及道德和哲學。他在衛理公會（Methodist）教會中非常活躍，同時也熱中於限制喝酒的運動。

1894年史蒂瑞從密西根大學退休，但仍繼續住在離密大不遠的農莊。他退而不休，繼續寫作有關自然史方面的論述，也繼續從事科學的探險，並廣泛地與人通信。當密大的「自然科學博物館」在亞歷山大·魯思文（Alexander Ruthven）的領導下重新改組時，史蒂瑞繼續跟館長維持非正式的關係。他去世於安那波爾，享年九十八歲。

亨利·萊特（Henry Wright）

密西根大學

● 本書作者史蒂瑞之墓【2002年李壬癸教授攝於Ann Arbor，原書附圖】

參考資料：

Anonymous

    1940 Dr. J. B. Steere Dies at 98; Was Noted Scientist. *Ann Arbor News*, 9 December, 1940.

Gaige, Frederick, M.

    1932 Joseph Beal Steere: Naturalist, Explorer, Educator. *The Michigan Alumnus*, 20 February 1932.

Graham, Gael and Elaine Watson

    1984 Joseph Beal Steere (1842-1940) Papers (1861-1941). *Contents List of the Michigan Historical Collections*. Unpublished manuscript in the Bentley Historical Library, Ann Arbor.

Meggers, Betty J. and Clifford Evans

    1957 Archaeological Investigations at the Mouth of the Amazon. *Smithsonian Institution Bureau of American Ethnology*, Washington, D. C.

Steere, Joseph Beal

    1935 [Letter to the editor of the 'Michigan Alumnus']. Unpublished manuscript in the Bentley Historical Library, Ann Arbor.

    1937 [Letter to the editor of the 'Michigan Alumnus']. Unpublished manuscript in the Bentley Historical Library, Ann Arbor.

原　序

　　福爾摩沙這個島嶼至今幾乎仍不爲人所知，關於它的報導很少，而且還不見得眞實可靠。由於福爾摩沙的面積可觀、土地肥沃，以及距離中國東南沿海很近，所以吸引了歐洲的貿易國家爭相競逐。或許不久之後，這個島嶼便會落在當中某一強權手中。

　　最近，這個島嶼因爲差一點引爆中國與日本之間的戰爭，所以成爲國際注目的焦點。

　　福爾摩沙的內陸山區住著野蠻民族，他們所遵循的那套怪異、血腥的習俗相當特別。西部平原則住著漢人，以及比較溫和的原住民，幾個活躍於中國的宣教團已在當中建立了教會。

　　所以，以下對於福爾摩沙及島上居民的觀察和記錄雖不完整，卻值得出版，以饗各界的讀者。

　　1873至1874年間，我爲了替密西根大學收集自然史的資料，曾經在中國地區待了八個月之久。本書就是根據我當時的親身觀察、訪談和收集而寫成的。

　　我在福爾摩沙停留期間，可以說是南北走透透，包括一次幾乎從南走到北的旅程，以及好幾次深入內陸原住民部落的探險。這些旅途差不多都是步行完成的，因此讓我有充分的機會，得以觀察這個島嶼

及其住民的點點滴滴。

當我從東印度群島打道回美國的途中，我在倫敦的大英博物館圖書館（the library of the British Museum）停留了一陣子。我檢視了十七世紀荷蘭人佔領福爾摩沙時期，一些古老的旅人和作家所留下的記錄資料，當中有些資料便呈現在本書的第二部分。另外，我也大量使用了史溫侯先生（Robert Swinhoe）所出版的相關論文，他曾經擔任駐福爾摩沙的英國領事一職。

本書的圖片，主要來自於廈門的愛得華先生（Mr. E. St. John Edwards）所提供的照片底片，那些底片是李仙得將軍（General Le Gendre）於1867年訪問台灣時所取得的。

在附錄裡，讀者可以看到台灣原住民的語言跟馬來及菲律賓原住民語言的比較。另外，讀者也能看到一份古代原住民的文件，那是我在原住民部落間所尋獲的。

我在福爾摩沙期間，得到許多人的協助，在此無法一一列舉。但我要特別感謝在廣州的美國商人奈依老先生（Mr. Gideon Nye），他本人樂於幫忙我蒐集所有關於台灣的資訊。另外，美國駐廈門及福爾摩沙領事韓德森先生（Mr. Henderson）、英國駐福爾摩沙領事葛雷哥立先生（Mr. Gregory），以及在台的傳教士李麻牧師（Rev. Ritchie）、甘為霖牧師（Rev. Campbell）和馬偕牧師（Rev. Mackay）等人，也都是我要衷心感謝的。

史蒂瑞（Joseph Beal Steere）

密西根州，安那波爾
1878年6月24日

I

目 次

導

論

導　論

名稱的由來

　　葡萄牙人是進行東方探險及貿易的先驅,「福爾摩沙」
(Formosa)這個名字就是他們所取的,但他們除了叫出「福爾摩沙」
之外,似乎沒有在此留下其他的痕跡。也許是台灣島上肥沃的平原和
茂密的山林,與對岸中國東南沿海光禿禿的岩石山丘顯得如此不同,
才讓他們不禁叫出「福爾摩沙」,即:「多美麗啊!」

地理位置

　　中國人把這個島嶼稱作「台灣」。福爾摩沙位於北緯25點3度,
幾乎直線向南延伸到北緯21點5度,南北長度約兩百五十英里(約
四百公里),寬度則從六十到八十英里(約九十六到一百二十八公里)不
等。福爾摩沙距離中國海岸約八十英里(約一百二十八公里),據說天
氣晴朗的時候,從中國沿海就可以瞭望到福爾摩沙的高山。福爾摩沙
幾乎跟愛爾蘭一樣大,但可耕耘的土地面積可能遠超過愛爾蘭。福爾
摩沙很像是一片榆樹的葉子,葉柄處於熱帶,但北方的葉尖卻屬於溫
帶。

自然環境

　　從島上往東走，會發現地勢不斷上升，最終形成高大的山脈。大多數的地圖都標出島上有兩條由北向南的平行山脈，但實際上，島上可能只有一條中央山脈，然後在中央山脈的兩邊延伸出許多條支脈。這些高山的高度，動輒超過一萬英尺（三千公尺）。靠近島中央的馬禮遜山（Mount Morrison，即今玉山），根據大多數的測量，高度將近一萬三千英尺。比起其他太平洋島嶼的高山，此處的高山顯然高聳許多。從海面遙望，島上山脈的輪廓顯得既陡峭又荒涼。山脈的頂峰，看上去好像都是赤裸裸的岩石；較低的部分，雖然也是陡峭多石，但覆蓋了一層茂密的樹林。冬天的時候，大部分的山峰經常積雪。

　　福爾摩沙的西部是一片廣大的沙質平原，地勢從內陸的山腳處緩

● 馬禮遜山【引自《從地面到天空 台灣在飛躍之中》】

緩下降，一路延伸到海岸。島嶼附近的台灣海峽很淺，佈滿著沙洲和淺灘。有些沙洲的面積綿延數英里（一英里等於一點六公里），每當退潮時就暴露出來。這些沙洲似乎正在迅速增高當中，或是起因於地殼上升的運動，也可能是每年的洪水從島上內陸攜帶了大量的泥沙所致。

如果從南往北行走在這片西部平原上，大約在三分之二的路程時，會發現前方被一條從中央山脈延伸至海岸線的支脈所阻隔（苗栗以北）。由此處往北，西部平原的地勢開始攀高，地表也更加崎嶇不平。而且，此處河流的水量也大為減少，使得灌溉變得十分困難。因此漢人不太耕耘這塊貧瘠的土地，任其雜草叢生，上頭長滿了蘆葦和長草。

相形之下，中南部的平原就顯得平坦許多，也很適合耕種灌溉。因此，這一塊區域幾乎都種滿了稻米和甘蔗。另外，台灣東北角的蘇澳灣（Suaw bay）附近，也有一片易於灌溉的廣大平原，這片平原近時也落入了漢人的手中。

無論從哪個地方進入，福爾摩沙的高山地區都顯得過於陡峭，只有生番那套耕種模式能派得上用場。即便是較低的山谷地帶，可堪耕種的土地也非常有限。據說東部的海岸既陡又險，高山峭壁腳下，緊接著就是深藍的海水（即太平洋）。

當我們走近山區時，會看見一片崎嶇的丘陵地帶，到處可見高起的台地，這些台地是先前山谷的遺跡。山丘是由沖積土、泥沙和黏土所構成的，流經的溪流在上面劃出一道道深深的溪谷和溝壑。每一次的洪水都洗劫了大量的泥沙，帶往山下的平原，並衝向更遠處的大海。

在山腳下，常可見淺黃色的易碎沙岩，有時沙岩內還會有化石，那似乎是屬於第三紀的遺跡。往山上攀登時，這類沙岩就少見了，取而代之的是石英岩，以及比較堅硬、內有結晶化石英層的沙岩。再爬至最高處，大量裸露在外的石板岩映入眼簾，也隨處可見石板碎片。生番用這些石板來建造簡陋的住屋，並用來覆蓋屋頂。同時，他們也用石板來堆建低矮的梯田和牆壁，用以防止洪水將陡峭山坡的泥土連同他們的作物，一併沖落到底下的河谷深處。

福爾摩沙北端的淡水和基隆，從前有過頻繁的火山活動。但現在，其中幾座圓錐狀的山，其頂端呈現出平坦狀，這表示它們已是死火山了。

在淡水東北方幾英里之外，有一個高聳的山谷，山谷內有一處面積幾英畝（一英畝約等於四分地）的地方，上面看不到任何植物或花草，而且地上的泥土和石頭都被溢出的天然氣所漂白。地面上有眾多的出氣孔，白茫茫的氣體不斷地從中噴發出來，旁觀者站在幾英里之外就可以看見。有幾處出氣孔的噴發力道相當大，不僅發出了嘶嘶聲響，還將一些小石頭、泥土噴到半空中。有幾道滾燙的泉水不斷地湧出，遍處可見覆蓋在礦物質薄殼底下的高熱泥漿。此地充滿了硫磺，漢人有一陣子就是為了它而來，結果現在礦渣到處可見。一道滾熱強勁的山泉從此處順著山谷而下，即使流到半英里之外，用來沐浴還是太燙，而且幾乎跟醋一樣酸。聽說這玩意兒具有神奇的醫療效果，如果真能證實其療效，那麼整個中國都可以利用這取之不盡的東西來治療了。

島嶼的中南部幾乎沒有任何火山活動的跡象，僅僅在打狗（Takaw，即今高雄市）的猴山（Ape's Hill，即今柴山）❶下，有一個會

● 淡水附近的硫磺泉【2009/8/18引自http://academic.reed.edu/formosa/gallery/image_pages/Other/Collingwood-SulphurSpring_S.html】

釋放出硫磺氣體的熱溫泉，但漲潮時，這個熱溫泉會被港灣的海水所淹沒。漢人提及島嶼中部的山上有一個活火山，而史溫侯先生（Swinhoe）[2]的〈福爾摩沙筆記〉（"Notes on Formosa"）也有如下的記載：

　　1861年11月，我們在離台灣府（Taiwanfu，即今台南市）不遠處，清楚地看見遠方的中央山脈，其中一個山峰正不斷地噴出濃煙。毫無疑問地，這就是中國作家所提及的活火山，中國官方的地圖上也有標示出這個火山。除此之外，我沒看到、也沒聽到福爾摩沙其他地方有活火山的跡象，也沒有經歷到任何地震的情形。漢人所說的經常性地

註
1. 譯按：至今柴山仍可看到猴子出沒。
2. 原註：參見史溫侯〈福爾摩沙筆記〉一文，此論文曾在「新堡不列顛協會」（British Association at New Castle）上朗誦發表。

震，以及有一次嘉義大地震時，大地迸裂，瞬間吞沒了七條人命等等事蹟，我都不及去經驗到。

　　當我搭船在福爾摩沙沿岸往來時，曾經好幾次看見中央山脈白煙裊裊上升的景象，但我認為那是原住民為了耕種，而在山坡焚燒林木所引起的，似乎與火山無關。1874年2月，當我在打狗時，倒是經歷了一次小地震，房屋的地板和牆壁都發出咯吱咯吱聲。

　　福爾摩沙北端的基隆發現有大量的煤礦。煤礦的位置不深，接近於地表，現在已被漢人大規模的開採，但開採的方式仍很原始。當地開採所得的煤，用於中國的砲艦，也賣給外國的船隻。聽說基隆的煤礦是屬於第三紀地質的，品質優良，但燃燒得很快，而且火焰太多。輪船會混合英格蘭所產的硬煤塊一起使用，聽說燃燒得很快。

　　淡水的陶德先生（Mr. John Dodd）在彰化以北的山區交界處，發現大量湧出的石油，他試著收集這些石油來利用，但遭到懷有敵意的漢人驅離。

　　據說島上某些較荒涼、未被探索的地方，蘊藏有金礦和銀礦。這可能是真的，就像在菲律賓和日本都曾發現金礦那樣。然而，這種說法的根據，至今仍只是來自漢人和當地人的傳說，以及早期荷蘭和西班牙探險家的報告。

　　西洋人把台灣的最高山稱作馬禮遜山（Mount Morrison），用來紀念著名的傳教士馬禮遜牧師（Rev. Robert Morrison）。漢人則叫它「玉山」，即玉石之山，似乎相信這座山是由堅固的玉石所形成的。史溫侯先生曾在漢人作家的記錄中，發現以下這則關於中國海盜「國姓爺」（Koxinga，即鄭成功）的傳奇故事：

　　國姓爺入主福爾摩沙之後，決定拜訪玉山。為了這次的探險，他組成了一支武裝探險隊隨行，浩浩蕩蕩地出發。他的武裝隨行人員因長途跋涉而疲憊不堪，遙遙地落後於他。國姓爺獨自勇往前進，最後遇見一個老婦人。那老婦人求他放棄這趟探險，同時贈送他兩塊上等的大玉石。老婦人叫他把較大的那塊，供奉在觀世音女神──中國的農耕女神（Ceres）──壇前，另一塊，他可以當做腰帶釦環來護身。國姓爺回府之後，卻命令玉石工匠把他自己的名字刻在那塊較大的玉石上面。但接連兩次，國姓爺都看到他的名字變成了觀世音女神的名字。於是他驚覺到，在山上送他玉石的老婦人，原來是觀世音女神的化身，所以就乖乖地將玉石獻給觀音❸。

註　3. 原註：玉是一種半透明的石頭，顏色有翠綠、乳白、橄欖綠不等，是由二氧化矽和氧化鎂所組成。玉的硬度很高，要切割及雕琢都非常困難，鑽石刀才有辦法切割它。古代美洲和亞洲大陸上的國家，多少都有使用玉，但玉的原產地應該是在東方。墨西哥人和秘魯人都喜愛收藏玉製雕像，據說在瑞士的湖邊村莊，有發現玉製的斧頭。

　　中國人視玉為極貴重的寶物。它可以用來做戒指和垂飾，尤其是婦女們所喜愛的手鐲。也有以玉雕成的碗和花瓶，雕工非常細膩精緻，很多玉製品的年代都相當久遠。中國廣州有一條街，外國人稱之為「玉石街」，整條街專門在做玉石加工與成品。那些師傅們使用最簡陋的工具──一個簡單的輪子，像是磨剪刀用的輪子，用腳踩踏板的方式來轉動。轉動輪子時，輪子上所安裝的鋼絲就能夠把玉石切割成師傅所需厚度的玉塊。用同一個輪子，師傅們將中空的圓柱放在這些玉塊上不斷轉動，直到切割出一塊環狀中空的東西，以便進一步加工成為手鐲。年輕女孩常常從小就被戴上手鐲，一直戴到長大而手腕變粗無法卸下。廣州的女士們認為，女人家擁有一對手鐲，乃是最基本而不可或缺的。她們太重視這個東西，以致於大量的玻璃仿冒品紛紛出現，銷售給那些較貧苦人家的婦女們使用。

位於福爾摩沙南端打狗的猴山，在地理上是個值得研究的地方。猴山的一邊似乎從海面上突然昇起，另一邊卻綿延到平坦的稻田之間，拔高約兩千英尺。一般認為猴山是火山活動的產物，但經過檢驗

● 猴山【2009/8/18引自http://academic.reed.edu/formosa/gallery/image_pages/Leslie/Leslie-Tai-fung-lung_S.html】

之後，卻發現整座山幾乎都由有氣孔的石灰石或者是珊瑚石灰岩所構成。山上到處都是珊瑚和貝殼，但是其中許多珊瑚和貝殼已經變質。有些地方，一邊是珊瑚和貝殼的化石，另一邊卻是結晶的石灰石。猴山真正的形成原因，可能是火山爆發導致某塊板塊的劇烈崩裂及擠壓，以致地面隆起兩千英尺的高度。在它變得固定堅硬之際，也許經由海水不斷的作用，使得沿海的土地也逐漸被夷平。因此，最好把猴山比擬為一片破裂的冰塊，其中一面傾斜45度角，然後被迅速地冷凍起來。猴山向東南方向下降，但主要山脈的西面岩石卻是往西方下降。猴山在綿延到海邊時一分為二，形成一個窄小的深溝，可供作打狗這個小港的入口。猴山上的化石，似乎與島上他處沙岩上的化石沒有兩樣。猴山的地表凹凸不平，坑坑洞洞，有許多山洞、溝壑和岩縫。雖然漢人把山上的樹木幾乎全部砍光，但是至今仍有一些灰色獼猴徘徊其間，猴山似乎就是因為這些猴子而得名的。

氣候

　　福爾摩沙南北兩頭的氣候很不一樣，差別極大。在淡水及福爾摩沙北部，通常從10月開始吹起東北季風，帶來雨季，直到隔年4月為止。這時吹的風經常很強勁，而且極冷，使北部相當潮濕，令人不舒服。在這季節裡，天空總是烏雲密佈。位於台灣海峽上的澎湖群島，雖然屬於熱帶地區，但這種東北季風卻使得澎湖群島的冬季非常寒冷，在這個季節裡通常是不耕種的。福爾摩沙南端的雨季是隨著西南氣流而來，正如鄰近的中國沿海地區。雖然南部高山在這個季節裡總是籠罩著烏雲，時常下雨，但西部沿海地區的雨量卻不多。

　　台灣海峽以暴風及四季惡劣的氣候而令人聞之喪膽。福爾摩沙似

乎位於颱風路線必經的軌道之上，這些颱風或者穿過台灣海峽，蹂躪中國的沿海地區，或者從福爾摩沙的東部經過，侵襲北方的日本。因為福爾摩沙缺乏適當的港口，所以颱風來襲時就特別危險。很多在中國海域從事貿易的船隻，經常在毫無潮汐的情況下突然失蹤，我們有很好的理由相信，這些船隻就是被颱風吹到福爾摩沙沿岸的。

港口與河流

福爾摩沙的港口可說是又少又簡陋。兩百五十年前，荷蘭人在西海岸的台灣府附近發現了一個港口（即安平港），當年他們用來停靠船隻的地方，如今卻幾乎連漲潮時也難以被海水所淹沒，港外只剩下一個停泊處。打狗的小港口，入口處狹窄，船隻難以進入。但船隻一旦駛進之後，就如同擠在船塢那般的安全。港內的空間不夠，水深也

不足以承載較大型的貨輪,運送蔗糖的船隻必須在裝滿之前,先拖到港外,才能繼續裝載,否則碼頭的水深恐無法負荷。

在東北季風的季節裡,只要水深足以停泊,船隻可以停靠在西海岸的任何地方,因為島嶼本身就是天然的屏障,可以保護這些船隻免於東北季風的侵襲。但是當西南季風吹來時,船隻就有被吹向海岸的危險了。以港口的標準來說,淡水並沒有多大的價值,其河口有一個沙洲,河內的水深不夠,可容納的空間更是不足。以漢人所能控制的領域來看,基隆港算是福爾摩沙最好的港口,但也跟其他西海岸的港口一樣,面臨泥沙阻塞的情況,幸而基隆港現在還有足夠的深度和空間,可以容納大型的船隻。

東北角的蘇澳灣,據說也是個好港口,但至今鮮有歐洲人問津,也沒有什麼商業活動。而且,蘇澳港附近的部分地區,仍控制在生番

● 從海面上望來的打狗港【2009/8/18引自http://academic.reed.edu/formosa/gallery/image_pages/Other/Graphic-TakaoSea1884_S.html】

● 南岬【2009/8/18引自http://academic.reed.edu/formosa/gallery/image_pages/Other/SCape-SouthCape_ S.html】

手中，也增加了造訪的難度。台灣最南端的南岬（South Cape，即今鵝
鑾鼻），也有一個可供船隻停靠的避風港。東部海岸或許有些未開發
的好港口，但至今除了危急時用來閃避風雨之外，很少被利用。島上
的開墾和貿易活動幾乎全集中在西部，所以東部海岸和港口的開發，
仍然需要假以時日吧！

　　福爾摩沙西海岸的勘查工作，可以說做得非常不徹底，地圖也畫
得太簡陋又不精確。東海岸的情形更是糟糕，難怪歐洲人不曾造訪東
海岸，因為地圖根本幫不上忙。當漢人在西南季風的季節，也就是
每年的4、5月，跟東海岸的生番做生意時，會駕駛大型戎克船❹繞道
打狗，他們在北上的途中，一定需要找尋避風港。廣州的奈依先生
（Mr. Gideon Nye）所提供的福爾摩沙老地圖（這張地圖在其他方面都很準

註
　4. 譯按：南中國海常見的平底帆船。

● 廣州美籍商人奈依先生所收藏的台灣老地圖，顯示東海岸有幾個大島嶼【原書附圖】

確），標示在東海岸附近有幾個小島❺。另外，根據漢人的描述，在接近島嶼的中央位置，也有一個可以直抵玉山山腳的小海港。照理說，如果東海岸眞有這些小島和港口，那麼每年途經福爾摩沙東海岸前往日本的船隻，應該早就發現了才對。只要做一次仔細的勘查，就可以解除種種的困惑。奇怪的是，至今爲止，還沒有哪個通商國家來做這類的勘查工作。

從河流的寬度判斷，就可以知道福爾摩沙上沒有重要的河流。雖然地圖上標出了幾條從中央山脈往西流入台灣海峽的河流，但是卻難以確認它們的眞正位置。因爲漢人會在河岸挖掘深溝，用以汲取河水灌溉田地，所以有些河流可能中途就斷流了，根本流不到西海岸。走進山區時，可以看到滿地的碎石和石頭，那是每年洪水從山上沖下來的。洪水來的時候，經常使低窪的河堤氾濫好幾英里。漢人往往會利用這個機會，將竹子和木材製成大筏，順流而下，運送下山。這些大筏上，有時也會裝載一籃籃的糖，順便運送到市場去。淡水河有一條支流，源頭在基隆附近，漢人便利用這條河運煤到淡水的市場。

澎湖群島

澎湖群島是一群地勢低矮的島嶼，位於福爾摩沙與中國大陸之間的中途地帶。最大的島叫澎湖（Ponghou），直徑十二英里（約十九公里）。澎湖群島有不少優良的港口，可以提供中國船隻與福爾摩沙做

註

5. 原註：參見第二部第一章貝尼奧斯基伯爵（count Benyowsky）關於福爾摩沙東部的描述。

生意時，避風雨停泊之用。澎湖群島上有好幾個大鄉鎮和眾多的村落，居民全都是漢人，據說有三十萬人之多，大多數以捕魚為生。當西南季風吹來時，他們會在貧瘠的土地上種植花生、甘薯和玉米。至少有部分的澎湖群島是屬於火山活動的產物，當中的幾處懸崖上，可以看到圓柱狀的玄武岩，底下的海濱上，也到處可見從懸崖掉落的柱狀玄武岩。

植物

　　福爾摩沙的植物非常豐富，尤其是在山區，依舊保持著原始狀態。西部平原上原本所生長的植物是什麼，已經不可考了，只能依靠猜測，因為現在整個平原已悉數開墾，森林都被砍伐殆盡了。這種情況可能好幾個世紀了，因為荷蘭人在1624年來到福爾摩沙時，西部平原上已經居住了大量的原住民。之後，漢人對於土地和木材的渴求，更將西部平原上原始森林的任何遺留都已破壞殆盡了。南部海岸的沙土上，仍有大量的林投樹和幾種鐵樹，它們的高度很少超過六到八英尺（兩、三公尺），有時林投樹也被做為圍籬之用。南部的岩石和荒涼地帶，常可見類似仙人掌的大戟屬植物（euphorbias），無葉而多刺，顯示出當地氣候的乾燥特性。其中有一種無葉綠枝的品種，環境適當時，可以長到十英尺的高度。

　　在平地，只要是能夠引水灌溉的地方，到處都種植著稻米、甘蔗、芋頭以及其他作物。在漢人村莊的四周，總是環繞著六十到八十英尺高的竹林，並有芭蕉和柑橘樹穿插其間。寺廟的周圍常可看到茂盛的榕樹。往北走，在靠近山腳的較高地區，也可以發現樟樹。樟樹是我在福爾摩沙所看過的最大樹木，樹幹的直徑有時達五、六英尺

寬，但高度通常不高，也長得有些彎曲。中部和北部的山坡地，是茶樹的故鄉，野生的茶樹可以長到二十英尺高。台灣府東邊的空曠山丘地方，有許多野生的芒果樹。這些芒果樹的樹齡可能很高，長得比其他熱帶地區的芒果樹大出許多。據說它們所產的芒果品質優良，並銷往香港。富饒的山谷中，生長著真正的熱帶植物，諸如蕨類、竹、籐類和芭蕉類等，用於製作宣紙的通脫木（aralia）也隨處可見。往上攀登，會發現幾種小橡樹科的植物，以及赤楊（alder）、野生蘋果、松樹，和其他的溫帶植物❻。如果能夠前往更高的山區探訪，應當能發現豐富的動植物品種。

動物

一度擔任英國駐福爾摩沙領事的史溫侯先生，曾經研究過福爾摩沙的動物，尤其是鳥類。他驚訝地發現，福爾摩沙的動物與喜馬拉雅山的動物竟然很類似。這種不尋常的發現，使他進一步推論，在地質時程上不很遙遠的過去，福爾摩沙島跟中國大陸必定連結在一

註

6. 原註：福爾摩沙島上的蕨類特別多。我所收集的標本，經由哈靈頓教授（Prof. Harrington）的研究認定，發表了一篇論文〈論史蒂瑞教授1870到1875年間收集的熱帶蕨類植物標本〉（" On the Tropical Ferns Collected by Prof. Steere in the Years 1870-1875"）。這篇論文於1877年在倫敦的林奈協會（Linnean Society of London）上朗誦發表。這篇論文指出，我在福爾摩沙所收集的五十七種蕨類植物當中，有兩種物種（Nephrodium Subpedatum Harrington, Polypodium Steeri Harrington）和一種變種（Drymoglossum Carnosum var. obovatum）是新發現的。其實這些標本是我在行進當中所匆促採集到的，如果能夠再仔細地採集一番，必能發現更多的新物種。

● 史溫侯領事【2009/8/18引自http://www.nmns.edu.
tw/nmns/04exhibit/96/swinhoe/1.htm】

起。他預言，經過進一步的研究之後，必定可以在中國沿海的山區發現更多喜馬拉雅山的物種，因此能夠更緊密地聯繫福爾摩沙的動物與喜馬拉雅山的動物之間的關聯。福爾摩沙的動物似乎跟日本及菲律賓的動物沒有什麼共通之處，但若能仔細地研究呂宋島──經由巴士群島（Bashees group）的中介，呂宋島跟福爾摩沙其實緊密相連──的北部和高地，或許會改變我們原先的看法。

福爾摩沙的野生動物非常稀少。在漢人及先前居民的開墾下，所有平地和附近較高地區的樹林都被砍光，只剩下一些尚能生存在野外而不受影響的地區，以及能與人類共存的動物。另一方面，高山地區則是樹林密佈，山路陡峭，難以穿越，又住著嗜血的生番。儘管困難重重，但史溫侯先生仍然雇用了一些當地獵人，從島上收集了將近兩百種鳥類的標本，其中超過三十種鳥類是新發現的。在這些新發現的鳥類之中，有一種華麗的火背雉雞，就是用史溫侯本人的名字來命名的，這種「史溫侯雉雞」（即藍腹鷴）是在山區的樹林裡發現的，它的習性尚待瞭解。另外一種在平地和丘陵地區所發現的雉雞，史溫侯先生認為跟平地漢人

● 史溫侯雉雞【引自《看見十九世紀台灣》】

飼養的雞是同一品種。據說漢人的田地，特別是甘薯田，經常被這些雉雞侵入偷吃。漢人設陷阱來捕捉這些雉雞，島上的少數幾位外國人則比較喜歡把獵雉雞當做運動。

史溫侯先生也在一塊荒蕪的地區，發現了三種鵪鶉，以及一種新品種的竹雞。在平地的竹林裡，史溫侯先生發現了三種鴿子，數量相當多。另外，他也發現了另一種果鳩。如果史溫侯先生可以前往東部海岸檢視的話，應該能夠發現更多的鳥類。在廣闊的沿海溼地及退潮後的沙洲上，我們經常可以看到大量在涉水覓食的鳥類，黑皮鷺鷥（herons）和白鷺鷥（egrets）甚至築巢棲息在台灣府的竹林裡。漢人對於這些鳥類懷有迷信的恐懼感，尤其是夜鷺（漢人稱作「暗光鳥」（am-kong-cheow）），因此，這些幾乎無所不吃的漢人放過牠們，沒有抓來烹煮食用。我在打狗時，漢人拿了兩隻信天翁來給我，這是他們出外捕魚時捉到的。他們叫信天翁為「海鵝」❼。儘管這兩隻信天

翁渾身充滿魚的臭腥味，我在取
下牠們的皮、毛和骨的過程中，
感到非常不舒服，但這些漢人漁
民仍表明，當我取下皮、毛、骨
當標本之後，肉體要還給他們。

　　史溫侯先生所列出的鳥類名
單上，有很多只是遷徙於中國沿
海的候鳥，牠們僅僅在台灣過
境，做短暫的停留，有些則與中
國鄰近地區的定居鳥類相同，或
僅是這些定居鳥類的變種。至於
那些新發現的鳥類，也與中國、
印度地區的鳥類緊密相似，當中
海拔較低的，與中國的鳥類較
相近，海拔較高的——有十七種
——則與喜馬拉雅山的鳥類相近。

● 史溫侯用史蒂瑞姓氏命名的新種鳥類——
藪鳥【引自《翱翔福爾摩沙》】

　　在哺乳動物方面，史溫侯先生也發現福爾摩沙的品種跟喜馬拉雅
山、印度和中國的品種之間，有明顯的相似性。他所發現的新物種
——灰色的台灣獼猴（Macacus cyclopis），其實跟印度的品種類似。這
種獼猴喜歡居住在山洞和岩石間，在海邊光禿的山丘上，以及內陸深

註
　7. 譯按：信天翁是大型海鳥，其翅膀是鳥類中最長的。兩翅張開時，其兩端翼尖
　　　可達三公尺。牠們能配合風力，像滑翔機一般，在空中滑翔數小時。

山處，都有牠們的蹤跡。在內陸深山地區，生番殺這種猴子來做為食物，在猴群數量很多的地方，有些部落還拿牠們的皮來製成衣服，構成這些部落重要的布料來源❽。史溫侯先生認為，漢人之所以把所有落入他們手中的猴子尾巴切掉，是因為猴子的尾巴像是對他們的豬尾巴（pig tail，即辮子）的諷刺。這真是個奇怪的理由。

史溫侯先生也在島上發現了一種熊，但只是經由生番所展示的熊皮得到證實。他認為那可能是跟西藏、麻六甲、婆羅洲和日本的熊同一種類。菲律賓的地理位置雖夾在其間，但除了鹿之外，卻沒有熊或其他大型的哺乳動物。我在內陸的生番部落裡，曾看過他們的房屋內擺設熊的頭顱，這跟擺設他們所獵殺的敵人頭顱是相同道理，都是用來展示他們的戰利品。生番也帶台灣雲豹（Leopardus brachyurus）的皮來跟漢人交易。這種雲豹跟印度和麻六甲的類似品種相比，尾巴顯

● 身穿雲豹毛皮的原住民
【2009/8/18引自http://zh.wikipedia.org/wiki/File: Taiwanese_Aborigine_leopard_fur_by_Torii_n7550.jpg】

註

8. 原註：參見第二章有關水番的記事。

得較短，證明了牠是一種新的品種。原住民說這種雲豹是夜行性的，以鹿為獵物，會在一旁埋伏獵殺。我曾在生番的村落裡，看到一個酋長身穿豹皮斗篷，穿著這種乾燥的毛皮可以顯示其首領地位。

史溫侯先生指出，福爾摩沙的野貓跟喜馬拉雅山及麻六甲的相同。島上似乎有大量的麝貓（Civet cats），牠們棲息在野外空曠的草叢和岩石間。漢人好幾次帶這種貓皮給我，最後則帶一隻蜷曲在籃子裡的活麝貓過來。這隻麝貓的腳被陷阱夾到，腫脹發炎得相當嚴重，我不得不殺死牠，來結束牠的痛苦。

史溫侯先生帶了好幾種蝙蝠標本回到英國。他在福爾摩沙居住期間，有漢人交易者從東海岸帶回活生生的狐蝠或飛蝠（Pteropus）來賣給他，這種狐蝠屬於熱帶品種，專門吃水果，這也表示台灣東海岸的熱帶植物和動物可能比西部更加豐富。在內陸山區的樹林中，史溫侯先生也發現了好幾種松鼠[9]。其中有一種大飛鼠，身軀跟貓一樣大，呈現漂亮的黑栗色，有著絲綢般的長毛。這些松鼠跟麻六甲和印度的品種類似，但處於中間位置的菲律賓卻沒有松鼠。史溫侯先生也發現了一種野兔，外表看起來很像美國的普通品種，跟中國種的野兔是相同的。

福爾摩沙有兩種野豬，其中一種被視為是新的品種。這一新品種的野豬是在北部發現的，體型約兩個月豬隻的大小，據說牠身上的條紋和斑點，成年之後也不會消失。另一種野豬似乎是從豢養的豬圈裡跑出來的，在任何野地上的遮蔽處都可能見其蹤跡。獵捕這種野豬相

註
9. 原註：我在埔社時，獵人開山（Kisanhia）帶了兩隻飛鼠給我。

當危險，特別是生番還使用長矛和火繩槍這類原始的武器。這種野豬是生番部落所依賴的重要食物來源。在這些野豬的出沒範圍內，生番所種植的作物經常遭到牠們的嚴重破壞。

史溫侯先生描述了四種在福爾摩沙所發現的鹿。其中一種身上有美麗的斑紋，跟日本種的斑鹿不一樣。另一種體型較大、全身幾乎都是黑色的鹿，被稱作「史溫侯鹿」（Cervus swinhoii，即台灣水鹿），表示是由史溫侯先生發現的。當地人獵捕這些鹿的方法，跟獵捕野豬一樣，一些人先把牠們趕進山中狹徑之內，然後另一些人帶著長矛和火繩槍在另一頭埋伏等待。史溫侯先生在更空曠的野地中，也有發現一種山羌，同種的山羌在中國大陸的山坡地很常見。這種山羌的身高只有兩英尺，成年後體重只有三十到四十磅（二十磅約等於九公斤）之間，漢人常捉來飼養。

● 史溫侯發現的水鹿【引自《翱翔福爾摩沙》】

● 山羌【引自《翱翔福爾摩沙》】

　　福爾摩沙的爬蟲類特別多。史溫侯先生提到六種蛇，然而我在島上收集的標本卻超過三十種，大部分都是在內陸的叢林中發現的[10]。這些蛇大多數是有毒的。我在島上看過好幾次有人被毒蛇咬傷的情況，幸而都沒有致命的危險。貧苦的漢人以及生番捕蛇時，像大部分的東方人那樣，都是打赤腳，毫無保護措施，難怪經常被蛇咬傷。相反地，歐洲人穿長馬靴和馬褲去捕蛇，幾乎是零風險。我在埔社

註

10. 原註：我在福爾摩沙所收集的蛇類標本，現在（1877年）仍存放在密西根大學的博物館內，尚待研究。

● 島上的蛇
【2009/8/18引自http://academic.reed.edu/formosa/gallery/image_pages/Thomson/Serpents_s.html】

（Posia，即今南投埔里）時，有人帶給我一條蛇，我從大小和顏色判斷
是眼鏡蛇，後來經過檢驗，證明我的目測判斷是正確的。島上的叢林
地帶有很多蜥蜴，有一次我在步行途中，在路邊的樹上抓到好幾種樹
蜴。在內陸時，當地人也曾送我好幾種烏龜。

　　漢人在池塘和水槽裡養了許多魚，那些品種可能是從中國大陸
引進的。我在水社湖（lake Tsuisia，即今日月潭）及途經的淡水河流當
中，取得了大量的鰻魚和淡水魚的標本。水社湖裡以鯰魚❶的數量最
多。福爾摩沙沿海有大量的魚類，以及熱帶海域中常見的各色各樣的
魚種。這裡也有好幾種鯊魚，而且數量都很多。在眾多怪異的中國菜

餚當中，有一道就是用鯊魚的鰭烹煮而成的（即魚翅）。

　　基隆港的淺水域裡有大量且多樣的珊瑚，漢人把較重的鈣化珊瑚燒成石灰。澎湖群島附近也有豐富的珊瑚，當地的居民用珊瑚礁來蓋房屋和牆。有一個漢人的傳說，說有一艘船被暴風雨衝到東海岸之際，急忙拋下錨來避風雨，等風平浪靜後，他們把錨拉起，發現上面綁了一塊非常珍貴的珊瑚礁。這個故事就跟漢人其他的傳說一樣，不必太當眞。

註

11. 譯按：即台語俗稱的土夙。

第一部

1873-74 年福爾摩沙探訪紀實

第一章　初抵福爾摩沙

抵達中國

1873年我從秘魯出發，歷經七十二天的海上旅程，終於在8月抵達中國的香港。我在按原定計劃前往菲律賓群島訪查之前，為了等待家書，得先在中國待一陣子。在這段期間，我四處物色，想找一個適合探險、收集自然史博物的地方，最後我決定到中國的福爾摩沙島走訪一趟，至少到當地已充分開發的地區看看。沒想到福爾摩沙是一個進行科學採集的嶄新天地，我得以深入內地，探訪眾多的原住民部落。

我先前往廣州，在那兒，取得了寫給福爾摩沙島上的外國商人及傳教士的介紹信。大約在9月1日，我啟程前往廈門，那裡是離福爾摩沙最近的中國港口。

當我途經汕頭時，美國領事溫給特先生（Mr. Wingate）邀請我去他那邊走一趟。他花了好幾天的時間，陪我參觀附近的漁村，購買各式各樣的貝殼，並到當地的魚市場參觀。結果，我在魚市場裡找到了所有中國海域所出產的大小魚類，根本不用自行出海捕捉。後來我搭乘下一班輪船到達廈門。美國駐廈門的領事韓德森先生（Mr. Henderson），對我提供一切的協助。為了讓我能夠前去福爾摩沙，他

幫我向中國官方申請旅行證照，並向我承諾，如果我在福爾摩沙被野蠻人獵頭，他必定會召集美國砲艦來修理這些野蠻人。

我原本要搭乘的那艘固定開往福爾摩沙的小輪船「海龍號」（Hailoong），因為颱風而延誤了。我便利用這空檔，參觀廈門的商店，找尋古董陶器和銅器，並逛一下當地的魚市場。我雇用了兩個漢人，一個充當我的通譯兼僕人，另一個則充當獵人和採集者，後者曾替一位德國博物學家提供過同樣的服務。我的通譯說一口洋涇濱英語，茲舉下面一則為例。有一次他上樓跟我說："have got down side two piecee Inglisman wanchee see you"，意思是「樓下有兩個英國人要看我」。結果我到樓下一看，發現是兩位美國傳教士吉普先生（Masey Kip）和羅普機先生（Rapaljee）來訪。

首途福爾摩沙

「海龍號」終於現身了。我們在傍晚時分上船，準備要在夜裡出航。第二天早晨，我們在台灣海峽上顛簸震盪。東北季風強烈地吹著，天空烏雲密佈，海浪不斷潑灑到甲板上，我只好在大白天裡躲進船艙下面，一整天都很不舒服。海浪的方向不定，從四面八方湧來，將我們這艘小船搖晃得很厲害。船隻上下顛簸得太激烈，以致螺旋槳時常在水面上空轉，似乎前進無多。然而，在黃昏的時候，我們終於駛進了淡水河口。當我們的船進入時，看見旁邊有一艘較大的戎克船，因為試圖進入港口未果而擱淺在那裡。一大群漢人在那兒拆搶東西，將整艘船分解得支離破碎。根據中國海事法的規定，擱淺遇難的船舶及財貨，皆為擱淺地點附近的居民所有，任憑其處置。

為了要閃避淡水河口的沙洲，我們在進港時費了一點功夫，然後

● 淡水港【引自《Pioneering in Formosa》】

沿著河流往上行駛一英里，在一艘老舊破棄的船隻旁下錨。這艘船隻現在是專門給外國商人做倉庫使用的。河流兩邊是陡峭的火山丘陵，上面長滿了雜草和蘆葦。北方的山腳下，就是沿著河岸群聚的漢人城鎮，上面的山坡則長滿了榕樹及各式樹木。有一片石頭矮牆沿著山脊而建，許多老舊生鏽的中國大砲透過石縫，凝視著遠方的海面。

在兩、三百英尺高的山坡上，有一棟方形的碉堡，頂端生長了一棵榕樹，上面有英國國旗在飄揚。事後我才知道，原來那是荷蘭古堡的要塞，因為牆壁厚實，內部空間很小，並採拱狀支撐的建築方式，所以它能夠經受漢人和天候的侵蝕，在此已聳立了兩百五十年之久。雖然這座要塞的外觀有些破損，但內部狀況還很不錯，現在充當英國領事的住所和辦公室。

當我們下錨停泊時，就有一股濃郁的茶香從岸邊的低矮建築物傳來。我們在隔天早上前去拜訪，原來這裡是英商「寶順洋行」（Dodd

& Co.）用來儲放及製作茶葉的地方。部分建築做為倉庫之用，裡面的箱子裝著從茶農處買來的茶葉。另一處則有漢人忙著製造包裝茶葉用的鉛盒和木箱，以便運送到世界各地去。在製作箱子的過程中，繪圖佔了很大的比重。繪圖的師傅們並沒有侷限在中國傳統的紅黑漢字，他們還畫出了茶農生活的點點滴滴，其中一個木箱上畫了如此的情景：一群生番從山上下來，在茶園裡獵取工作中的漢人茶農的頭顱。建築的另一個角落，有長排的小竹籃放在炭火上烘焙，茶葉在此經歷最後一道的烘乾程序，之後茶葉就不會受潮，可以品質穩定地運往世界各地。在這道程序中，我們嗅到陣陣濃郁的茶香，直覺上認定茶葉的味道會因此受損或變淡，但是，當我們把未烘焙及烘焙過的茶葉拿到船上請廚師沖泡時，根本察覺不出兩者的差別，喝起來一樣又香又濃。

我原本計畫從淡水走陸路南下打狗，也就是打算步行縱跨整個福爾摩沙，但是當我抵達淡水時，才發現之前雇用的中國僕人並沒有跟來。原來「海龍號」在廈門起程前的那個夜晚，他們還跑下岸跟朋友們喝酒道別，弄得最後來不及上船。我抱著他們或許會直接坐船來打狗跟我會合的期待，只好繼續航行，改走海路到打狗。

從福爾摩沙島南下的旅途，就沒有像從廈門橫越台灣海峽時那麼折騰人了，但是我們仍得離岸遠一點來航行，以避開西部沿岸的淺灘和沙洲。南下的旅途中，因為天氣夠晴朗，我們可以眺望到內陸高山的風光。我們途中經過了澎湖群島，這些小島嶼位於中國大陸跟福爾摩沙的中途。澎湖群島的地勢又低又平，起初看來貧瘠、無人煙，但我之後拜訪當地時，才發現那是個人口稠密的地方。

打狗

　　傍晚時分，我們看見了打狗港的地標——猴山。我們的船隻繞著猴山而行，在進港時，小心翼翼地穿過兩旁都是岩石的窄小水道，最後在離岸幾碼處下錨。港內風平浪靜，好像池塘一般，港外卻是驚濤駭浪。北方的猴山好像從海面上突然升起兩千英尺，陡峭嶙峋。整座猴山幾乎是光禿一片，僅山腳下碼頭附近的岩石旁有幾棵樹，那裡有三、四間外國商人所蓋的小屋，更前面，則是一間用來儲存蔗糖的低矮倉庫。狹窄水道的另一邊，則是一塊粗糙的巨岩，看來是從猴山崩裂下來的。在巨岩之下，有一條寬度約兩、三百碼，綿延幾英里長的低矮沙岬，將港口和鄰接的潟湖與大海相隔開來。在沙岬內側和水道

●打狗港的入口【引自《從地面到天空 台灣在飛躍之中》】

入口附近，就是人口密集的漢人聚落了。漢人聚落前停泊了十五到二十艘戎克船，也有一些捕魚用的竹筏停放在沙灘上。港口之後的潟湖有數英里長，與海岸線平行，其盡頭接壤著稻田及漢人村莊。

我有一封寫給太樂先生（Mr. Taylor）——一個在福爾摩沙的老商人及旅行者——的介紹信。太樂先生因此邀請我去住在他家，在我停留打狗的期間，一直照顧著我。我自從離開香港之後，就不再住旅館，一切都仰賴外國居民或漢人的招待。

隔天一早，我就帶著槍到鄰近地區勘查。這地方看來一年四季都很乾燥，所有耕耘的土地都必須依賴灌溉，無法灌溉的地區，就任由雜草和灌木等乾燥氣候的植物叢生了。我在當中發現了幾種大戟屬植物，其中一種的樹枝很大，呈綠色，卻沒有葉子，割開樹枝時會流出乳白色刺鼻的黏液。這種樹可以長到好幾英尺高，其樹叢裡棲息了好幾種鳥類和陸貝。漢人從陡峭的山壁挖取石灰岩，推滾到山下潟湖邊，然後運到更遠一點的地方，以蘆葦為燃料，用粗糙的窯將這些石灰岩燒成石灰。

猴山有條陡峭的小山路，上頭有時會出現牛羊，以及尋找柴火的漢人。我沿著這條小徑爬了一個鐘頭，到達頂端時，放眼望去，我跟大海之間仍有一個岩石山脈阻隔，這個山脈高出我所站立處好幾百英尺。猴山的地表被深谷所切開，這些深谷中生長了一些灌木和蕨類植物。猴山是由堅硬、鋸齒狀的石灰岩所構成的，到處可見裂縫和山洞，其中有幾個山洞還相當大。我爬進了當中的幾處山洞，發現裡面有乾草鋪的床，以及燃燒過的火灰等痕跡，顯示這些山洞不時有牧人或小偷在居住。有些灰色的獼猴（猴山因其得名）仍住在山洞和岩石中，但已鮮少被人看見。

　　我再往陡峭的岩石攀登了幾分鐘，終於到達猴山的頂端。有一支竿子插在岩石上，上頭還綁了一塊布條旗子，顯示有某艘船的水手隊伍到過這裡。從這裡往西邊看過去，岩石峭壁幾乎呈直角地垂落到海水邊，再過去一點，則是一塊小台地，上面種植了柑橘樹和榕樹，隱約可見漢人的村落座落其間。另一邊的視野極佳，可以清楚地望見打狗港和船舶，也能看到延伸至東方山區的稻田和漢人聚落。在東北幾英里處，可見半屏山（Whale's back）從平坦的稻田中陡峭拔起，這座岩石山脈的形成過程顯然跟猴山一樣。

　　打狗港是由沙岬所圍繞而成，我下一個行程，便是去參觀那塊沙岬外側的海濱。要抵達那裡，必須先穿越漢人的村莊，然後經過一大片的墓地，我在墓地間看見幾棵茂密的老榕樹。這些是較窮苦人家的墳墓，大都埋在白沙裡，但每個墳墓前都有塊大石頭當做墓碑，大部分都用灰泥抹上，並且粉刷上白漆。我看到其中一個新近造好的墳墓，從其尺寸可知下面所埋的是小孩。有一個漢族老婦女，穿著粗糙的麻衣，在墳前異常激動地哀號著。

　　海濱就在前方了。正好有漁夫在他們的竹筏上收網，並準備上岸。此時有一波激浪捲來，使收網的工作更加刺激有趣。四、五個人一組，利用滾輪將竹筏及上面的大漁網推到海裡，過程中，海浪不斷地向他們襲來。另一架竹筏的船員幫忙他們灑網，並齊力將漁網拖上岸。

　　他們除了捕獲各色各樣的魚兒、烏賊、螃蟹外，還捉到幾隻透明的大水母，有些水母的體積大到一蒲式耳（bushel，相當於三十五公升左右），觸角可長達十二到十五英尺。漢人對水母毫無興趣，通常任意丟棄在海灘上，水母很快就融化掉了，全身幾乎沒有什麼動物質可以

● 打狗的漁夫

【2009/8/18引自http://academic.reed.edu/formosa/gallery/image_pages/Thomson/Pecheurs_S.html】

腐爛。漁夫們對於我收集水母的行為感到很好奇，等著看我如何被這些水母所惹惱。水母身上長滿了刺細胞，游泳的人避之唯恐不及。水母的觸角有毒，裸露的身體若接觸到水母的觸角，皮膚就會起紅斑，痛癢一段時間。至於烏賊，漁夫會先把牠剖開，把龍骨拿掉，然後用竹片撐開曬乾。我在一張漁網裡頭，看到一隻漂亮的活貝殼，牠的大肉足伸在貝殼外面，一直收不回去。我揀起了好幾個小時之後，發現牠自動把大片的肉足弄斷。

竹筏陸續回來了。這些竹筏是從幾英里外的鯊魚海域回來的，幾乎每一條竹筏都捕到了一、兩條鯊魚。他們所捕獲的鯊魚有三、四種，其中數量最多的是槌頭鯊（hammer headed sharks）和鞭尾鯊（whippers）。前者眼睛長在頭前雙鬢的兩端，後者的一片尾巴發展成狹長扁平的組織，很像是一條鞭子。漢人雖然也吃鯊魚肉，但鯊魚最珍貴的部分還是牠的鰭，鯊魚鰭曬乾後，被運往中國大陸，價值非

凡，是中國名菜魚翅羹湯的材料。

台灣府

我尚未勘查完打狗附近的地區，駐台灣府的蘇格蘭傳教士甘爲霖先生（Mr. Campbell）就來到了打狗訪問。我一得知他準備前往島嶼的內陸地區，去視察當地教會的情形，便立刻拿出介紹函前去拜訪，並接受甘爲霖先生的邀請，準備跟他一道旅行。我在廈門所雇用的漢人，並沒有依約來打狗會合，於是我改雇用「旺仔」（音譯，

● 在台灣宣教近半世紀的甘為霖牧師
【引自《Sketches From Formosa》】

Ong-a）。他是一個粗壯、性情好的漢人，會講洋涇濱英文，曾陪伴李仙得將軍（General Le Gendre）和其他的外國人一道旅行過。

我們搭乘一艘商人用來傳遞訊息的小輪船，北上台灣府。台灣府距離打狗約二十英里，我們沿途經過幾個漁村，房屋大都建在海邊的沙土上，居民的竹筏不是在外打魚，就是停放在沙灘上。我們經過四、五個小時的航行後，到達了台灣府附近，府城就座落在海岸線內兩、三英里之處。我們在安平小島外約半英里處下錨，停靠在幾艘大型戎克船之間。安平島是一塊沙洲，頂端有荷蘭人建造的古堡遺跡，高出海面約四、五十英尺，臨海處則有一棟比較現代化的小型建築物，那是漢人用來保護錨地的要塞。

不久，有一艘大竹筏出來接我們，中央船桅旁有個大桶子，我

就提著行李坐在裡面。此時海浪很大，海水沖上木筏，把竹筏上打赤膊的水手們全淋濕了，但我在大桶子內仍能保持乾燥。之後，船桅上升起了一面大帆，水手們用力拉起槳，我們這艘笨重的竹筏便迅速地前進。我們很快地穿過小沙洲，進入了港口，那裡已經停靠了很多較小型的漢人竹筏。我們在幾間（東印度地區所稱的）大營房或倉庫前登陸，那是給外國商人存放蔗糖用的。

● 安平港的竹筏【引自《台灣回想》】

我們走過安平的漢人村落後，來到建立在古堡廢墟上的中國稅務司。我發現負責海關事務的是一個英國人❶，他的名字我記不得了，

註

1. 原註：最近這次戰爭結束之後（1860年），中國把各通商口岸的海關事務，委由歐洲的海關官員來負責，讓他們收取對外貿易的關稅，以支付中國所積欠的賠款。中國政府發現這樣做，比透過中國官員來收稅更安全，也更有效率，所以在償清賠款後，仍繼續維持這種安排。全中國的海關事務都掌握在一個主要官員手中，再由他直接向中國政府負責。各地港口的官員，都是這位主要官員派遣任命的，這些官員皆來自文明國家，諸如美國人、英國人、法國人、德國人、俄國人等。這些海關官員享受優渥的待遇，而且，一旦戰事爆發，也不須替中國效勞。

以及兩個更年輕的英國助手。這位負責海關事務的英國人,很親切地帶領我參觀這座古堡的遺跡。上方的城牆已嚴重毀壞,這可能是因為地震,也可能是漢人的敲打挖掘造成的。漢人會敲下一整塊磚頭和灰泥的混合物,將它們從山丘上滾落下來。他們現在正在分卸這些從城牆上所敲落的泥磚塊,準備拿來做為建造房屋的材料。事實上,大部分安平村莊的房子,都是用這種材料建成的。我在靠近漢人村落那邊,看見一道古時候面海的海堤,它仍保持得相當完整,城門上方還高高寫著:「TE CASTEL ZELANDIA GEBOWED ANNO, 1630-」,即「熱蘭遮城,建於1630年」。即使是城牆外側的崗哨——之前荷蘭哨兵站哨的所在,至今仍都堅固完整如初。從這座古堡的整體建築工事判斷,可以得知當初的建造者打算在此長駐

● 熱蘭遮城城門【引自《從地面到天空 台灣在飛躍之中》】

久留的心意。

蚵仔文化

　　安平島現在是以一條堤岸，跟福爾摩沙的本土相連，這條堤岸是用挖掘運河時所剩餘的泥土做成的。這條運河穿過一片沙質平地，通往府城。這片沙質平地在漲潮時會被海水淹蓋，但大多數時間都是乾的。在荷蘭佔領期間，這片平地其實是港口的所在地，由此可見，福爾摩沙的西部海岸正在逐漸上升。

　　漢人在這片潮間帶上築起了堤壩，圍了很大的面積，據說是用來養殖海水魚類。我發現運河以北那片比較低窪、泥濘的區域，在退潮時露出相當怪異的景象，原來那裡有養殖蚵仔。中國的蚵仔長得與我們的稍微不一樣，被稱作「潮蚵」（tide oyster），適合生長在潮間帶區域。漢人就是利用蚵仔的這種特性，才會來開發這塊原本毫無價值的地區。台灣府的蚵農準備了大量的竹竿，每根約三、四英尺長，一端削尖，另一端剖開，接著將老舊的蚵殼塞進去。然後將這些竹竿一排排地插於泥濘地上，每排之間預留竹筏可以進入的適當距離。潮汐會將大群的蚵仔帶來此地，藉著這些竹竿，老舊的蚵殼裡很快就會充滿小蚵仔。等這些蚵仔長大後，蚵農就會拔起竹竿，把殼內的蚵仔取出，運到市場去賣。在與打狗港相連的潟湖裡，蚵農則用石頭來取代竹竿，功能都是一樣的。

府城印象

　　我們有兩種方式可以進入府城，一種是坐船沿運河而去，另一種則是步行或坐轎穿過這片平地。我們一行人選擇走路去。天氣很熱，

●台灣府大北門【引自《台灣回想》】

加上陽光從乾燥的沙地上幅射回來的熱氣，沿途都很不舒服。我們從
面海的城門進城，但因爲城牆被旁邊的商店和住家遮去了大半，我們
幾乎不知道走到哪裡，才算是眞正進了城。我們很快地走入一條又窄
又崎嶇的街道❷，聽說這就是台灣府最主要的道路了。這條街道向東
延伸，據說原來是荷蘭人所蓋的馬路。街道兩邊非常熱鬧，各種商店

註

2. 譯按：指「看西街」，看西街基督長老教會即以此街命名，已有一百多年歷
　　史，至今仍聳立而且活躍。

林立，各色人等來來往往。苦力們打著赤膊，肩上以扁擔挑著重擔快走，一路上哼哼哈哈叫行人讓路。闊氣的商人身穿長袍，為了生意來回奔走。中國官員則坐在轎子上面，由四到六個苦力抬著，前方還有一位警備吆喝著行人迴避。

●文長老【引自《台灣盲人教育之父》】

府城東區的人口就遠沒有「看西街」那麼稠密了，這裡住著較高級的人家，到處都可以看到竹林和菜園。外國傳教士就住在這一區，他們在能夠建造自己的房子之前，目前先租用一間大型的中式房屋。著名的德馬太醫師（Dr. Dixon）和甘為霖牧師就是居住在這裡，前者負責教會醫院的工作，並在情況允許的時候，到各地的教會做醫療傳道；後者則負責各地教會的牧會工作。這裡還有一個來自中國的漢人，名叫文長老（Old Bun，即吳文水），他在教會初創階段擔任傳教士的助手，並且充當傳教士的漢語老師。另有兩、三位年輕的漢人，正在傳教士底下學習基督教教義，以便將來派出去擔任助手或傳道師的工作。

首次探訪內陸

我抵達台灣府的第二天，打狗的領事館通譯布洛克先生（Mr. Bullock）經陸路北上，前來加入我們的隊伍。我們匆忙準備就緒後，

就向內陸出發了。我們這支隊伍包括三個盎格魯‧撒克森人，兩個漢族僕人，五個苦力挑夫，其中一個挑了幾罐酒精，準備保存我在內陸所採集的標本，以及三個抬著轎子的轎夫。我們的苦力把所需擔負的行李，分裝成大小輕重都差不多的包裹，方便他們用扁擔來挑時，前後的重心能平均。每一個扁擔大約挑了八十到一百英鎊不等的行李。我們從東門出城，挑夫們迅速地搖呀搖的往前快走，起初我們根本跟不上他們的步伐。他們打赤膊，捲褲腳，全身只剩下腰部不是裸露的。他們前後左右地搖擺，使重心維持在扁擔中間的位置，每個步伐都彎曲了肩上的扁擔，並發出嘎吱的聲響[3]。

我們沿著一條交通繁忙的小路向北前進。大約匆匆走了一英里半後，我們來到了一棵榕樹下，有個老人家在那兒擺攤，賣茶、米飯和幾樣水果。我們的挑夫卸下重擔、擦完汗後，花了一點錢買熱茶來喝，我們則買了一顆大柚子，那是一種柑橘科的水果，相當解渴，但果粒很粗。片刻之後，我們繼續往前走。大約走了一、兩英里之後，我們又稍作休息，來喝點茶吃些水果。不久，我們的苦力在一家攤販前歇腳，店家端出一碗碗熱騰騰、份量很多的米飯，還有一些醬菜和鹹魚。他們每個人都拿著一雙筷子，把白米飯往嘴裡送，偶而夾一點醬菜和鹹魚來配飯，一大口一大口地狼吞虎嚥起來。我們的苦力們，每一天都要像這樣吃個五、六餐。他們能夠挑著重擔，在熱帶的艷陽下長途跋涉，若換做是一般未經訓練的歐洲人，肯定不到一個小時就

註

3. 譯按：挑扁擔時無法像漫步般的行走，需要有一點速度才能減輕肩膀的負荷。西洋人沒挑過扁擔，看到挑夫步伐如此迅速，不免大驚小怪。

● 台灣府附近的鄉間小路【引自《從地面到天空 台灣在飛躍之中》】

跛腳了。當然，這些漢人在做苦力這一行已經訓練有素。然而，一般認爲米飯的營養和熱量不夠，因而吃了比較沒有力氣的想法，可能需要調整了，因爲一般漢人除米飯外，他們所食用的其他食物，不僅份量很少，也不算很有營養價值。

我們剛離開台灣府不久，經過一片沙質的山坡地，這些山坡地因爲土壤貧瘠又高低不平，不適於耕作。之後，我們經過了一片沙質平地，上面種滿了紫色矮小的短節甘蔗。後來我們走到地勢較低的平地，那裡水資源豐富而且灌溉方便，所以有著一望無際的稻田，這時

正準備收割。我們所走的道路，雖然是連接兩個大城市的唯一通道，
卻是座落在稻田之間，位置看來也不固定，可能會隨著所經田地的地
主的喜好或用路人的興致而改變。城鎮附近的溝渠或小溪，至少會有
從廈門運來的厚花崗岩板充當橋樑，但一旦遠離城鎮，情況就麻煩
了。若碰到淺溪，我們得涉水而過，若是比較深的河流，就必須依賴
竹筏了。沿途，我們不斷地碰到成群結隊的苦力們，每個隊伍有八到
二十人不等，他們身上挑著稻米、花生、油及粗糙竹紙等重擔。我們
向內陸走了好幾天後，仍然能看到這些往西海岸前進的苦力，他們的
重擔將在那裡找到買主。

　　沿途，我們看到鄉村的男女老幼正忙著收割稻米。婦女通常有纏
小腳，她們穿上棕櫚葉製成的三角形拖鞋，以免雙腳沉入泥土裡。男
人忙著割稻，然後把稻穗一捆捆的綁起來，婦女們則將稻穗移往打穀
桶，在那裡進行脫粒工作。之後，她們再將已經脫完粒的稻子送到地
勢較高的稻埕，均勻地披散在日光下曝曬。在水源特別豐富的地方，
人們用池塘和小湖來蓄水，裡面養了很多魚，並在水比較淺的地方種
植芋頭，芋頭的大綠葉因此遮蔽了整個水面。我們也看到湖裡有小船
在採收一種水生漂浮植物的果實，狀似公牛的頭，我在廣州和香港的
市場經常看到（即菱角或紅菱）。

　　沿途上，我們很少看見類似於美國農村房舍的住宅，遇到的總是
一叢叢的竹林，以及包圍在竹林之間的漢人村莊。我們所經過的村
落，雖然座落在田野之間，看來卻是又小又髒。當我們行經其間時，
總是引起這些樸實居民的大聲驚嘆。男女老幼都好奇地聚集在門口注
視著我們，屁股後面也跟了一大群人，有人大聲喊著："khoa, whan
na!" 意思是：「看！外國番仔！」也有人對我們的大鬍鬚和高大的

身軀議論紛紛。有些小男孩和更多的大人，成群結隊地跟在我們後頭，偶而有個較勇敢的人，快速地跑到我們前頭的路中間，然後轉身跪下來，手放在膝蓋上，張開大口，瞪著我們的臉猛瞧。當我們的步伐接近時，他又跑到更前頭的地方，重施故技。

每當我們進村莊吃東西或問路時，總是被一大群好奇的人們包圍著。他們想近距離來一睹我們這些外國番的廬山真面目。有些站在外圍的人甚至跪下來，以便穿過前排群眾的腳縫來觀看。一整天累人的趕路下來，我們只不過離開台灣府約二十英里的距離罷了，回首來時路，路途實在相當蜿蜒曲折。

我們在火燒店（Hosiutiam，即今台南縣柳營鄉火燒店）的漢人旅社度過第一個夜晚。這間旅社看來像個開敞的大型營房，主要建築只有一層，但上面有幾間閣樓。旅社的中央擺著一個大型的火爐，柴、米、油、鹽、醋、茶，以及廚房的用具就放在旁邊。大廳裡散亂地擺置了許多粗製的竹床，大多數的旅客就這樣躺在上面。我們看到一些吸食鴉片的人，他們躺在各處，有的正在吸食，有的已經到了精神恍惚、不省人事的地步。鴉片需要燒開成焦狀才能吸食，所以要吸食鴉片，必須要有油燈和很多相關設備才行，普通的管子根本派不上用場。吸食鴉片的人多半躺著或側臥，先將鴉片揉成長條絲狀，將之置於鴉片煙管的嘴口，然後用油燈來加熱煙嘴裡的鴉片，鴉片煙便可進入吸食者的口中。很多漢人苦力淪為鴉片仙，辛苦勞力賺來的錢幾乎全部花在吸食鴉片上。他們唯一的衣裳，就是腰際上那塊破布，三餐的飲食也盡可能地縮減，其餘的就全部奉獻給鴉片。我常在道路上看到這種苦力，有幾次，當我們的苦力累得精疲力竭時，也曾雇用他們來當挑夫。他們外表看起來強壯耐操，但因長期吸食鴉片的結果，全都只剩

下皮包骨。

我們多付了一些錢，得到一間獨立的房間，但仍然是泥土地板，而且還很接近豬棚，跟豬住在同一個屋簷下。當僕人在準備晚餐時，我們就先把床墊鋪在充當床架的竹椅上。我們吃過米飯和蛋後，實在是疲累不堪，便在豬糞和鴉片煙等五味雜陳之中進入夢鄉，任憑那一大群躡手躡腳的低等生物處置了。

第二天早上，我們匆匆吃過像晚餐那樣簡單的早餐後，就再度出發了。第二天的經歷跟第一天相差無多。因為轎子只有一頂，所以我們三個盎格魯・撒克遜人輪流坐轎子，沒有輪到的就徒步跟隨。我們很快便發現，像苦力那樣穿上草編的涼鞋是個好主意，而且我們還在涼鞋裡面穿上長襪，這樣一來就不怕被涼鞋的草繩磨痛腳了。草鞋又輕又透氣，行走在經常得涉過河流或小溪的山區，果然特別好用。我們也學漢人穿上寬鬆的中式上衣和褲子，雖然大部分在中國的歐洲人都把它們當做睡衣來使用，但它們更適合穿來跋山涉水。甘為霖先生還將褲管捲到膝蓋之上，我想這樣做，應該會讓他想起故鄉蘇格蘭的石南花（heather）和短褶裙吧！

第二天，我們抵達了地勢較高的地方，那裡種了大量的花生，婦女和小孩正坐在田裡，用掘棒（sharpened sticks）在挖花生。一群豬仔跟在後面，四處搜尋遺落的花生。婦女的頭上綁著一條藍布，在下巴處打結，很像早期美國人所戴的風帽。我們也看到了甘蔗園，然而大部分的土地都是用來種植稻米。

第二天晚上，我們在嘉義城附近的村落過夜。嘉義城四周圍著磚石砌成的城牆，據說人口在兩萬人到六萬人之間。為什麼中國城鎮的統計數字都差距這麼大呢？一個原因是，地方官員在上報人口數字

時，總會故意低報轄區內的人口，這樣一來，他們就可以增加從中獲利的機會。其次，有些人只是根據某一小區域的已知人口，就想推估整個城市的居民數，但城牆之內的很多空間，其實並沒有那麼密集的人口，上面通常是大面積的樹叢和花園。此外，漢人可以自由自在地四處遊蕩，哪裡有工作、有買賣機會，就往哪裡闖的情況，更加深了正確估計人口的困難度。

嘉義城地處偏僻，就座落在山腳下，除了步行外，沒有運河或其他的交通工具可以通往西海岸。交通如此不便的地方，實在難以想像為何仍有如此多的人居住？唯一的原因，可能就是因為野蠻的生番就住在不遠的山上，漢人必須聚集起來，共同防禦生番的侵襲。

第三天一大早，我們天未亮就出發了，天邊還掛著幾顆星星。黎明時分，我們已能清楚地看見東邊的山脈。我們現在離開通往彰化的道路，轉而朝向東邊，往高山方向前進。我們沿途所碰見的一群群攜帶長矛和火繩槍的武裝隊伍提醒了我們，現在已經接近生番的領域了。黃昏時候，我們抵達山腳下的一個村莊，受到一位低階軍官的邀請，在軍營裡過夜。真是多虧了這位新交的漢人朋友，讓我們得以睡在比旅社更乾淨的地方，又能免除好奇群眾的圍觀。房子前面是一座操場，上面擺放了供士兵運動、訓練用的各式武器。當中有一支很重的鐵棒，長約八、九英尺，鐵棒的頂端有一塊大刀片。我僅能夠舉起這支鐵棒，但無法拿起來揮舞。旁邊也有一些石塊，重量不等，石塊上有凹洞，讓手指頭能伸進去握舉。角落邊也放了很多張大小、強度不一的弓。有一群看似士兵的人懶散地站在一旁，當中有些人能夠提起這些石塊，也可以拉開這些強弓。中國傳統上就是用這種方式來訓練士兵，現代化武器的引進，顯然並未造成太大的變化。如果哪天中

國跟歐洲國家發生戰事，因而不得不使用較先進優良的武器，那麼這些不習慣使用先進武器的中國士兵，一定很快就會嚇得四處潰散，遭對手輕易地一一擊倒。

【校註】

下面的路線和大約日期顯示史蒂瑞於本章的旅途，全程請參考書前的彩色圖表：

廈門	海路→	淡水	海路→	打狗	海路→	台灣府	陸路→	嘉義
1873/9		10/3		10/4-6		10/11-12		10/15

第二章　探訪水番與熟番

水番

　　離開台灣府的第四天早上，我們開始沿著溪谷前進，這條溪水是從山上流下來的。一整天下來，我們不斷地攀爬陡峭的山路，時而穿越蕨類和其他熱帶植物林區，時而經過高大的雜草和蘆葦地帶，發現所有樹木幾乎全遭漢人砍下，被拿去當做燃料和木材了。我們隨處可見樟樹的殘幹和被砍下的樹幹，樹幹的最佳部分，當場就被鋸成一塊塊的厚木板帶走，其餘的彎曲、枝節部分則留在地上，之後再用來製作樟腦。這些山林每年都會有火燒山，但樟樹的樹幹卻幾乎毫髮無傷，即使它本身含有極易燃的樹膠。白松的樹幹同樣很難燃燒，或許兩者的原因是一樣的。

　　那天晚上，我們抵達了位於漢番交界之處的小鎮。苦力們要求增加一組武裝護衛隊，以保護他們第二天行程的安全，但我們自認有能力擊退任何的攻擊❶。最後他們終於被我們說服，同意第二天繼續上路。當我們向前邁進時，所有漢人村落的跡象都消失了，眼前的路途

註
1. 譯按：史蒂瑞有帶槍枝。

● 日月潭水社的邵族【引自《生番行腳》】

變得越來越崎嶇荒涼。

　　大約中午的時候，我們遇見一群被漢人稱做水番（Tsuiwhan）的原住民。之前就有人告訴過我們，這些水番很膽怯，不會傷害人。結果，當他們看見我們的時候，第一個動作竟是平趴在我們面前。他們的個子很小，但是五官比漢人好看，也不像漢人那樣斜眼（oblique eyes）或單眼皮（inverted lids）。他們的膚色跟馬來人、爪哇人及美洲印地安人很相似，頭上沒有戴任何東西，粗糙的黑色長髮綁在後頭。他們身穿未鞣過的鹿皮或猴皮製成的短外套，手腳裸露在外，衣服老舊破爛，上面的獸毛似乎因長期使用而磨掉了。有些人帶著老式的中

（臺灣八景ノ一）日月潭
44 A view of Jitsugetsutan (one of the eight, famous sights), Formosa.
電力工事で有名な日月潭、自動車道路の完成と共に遊客益々多く、
北岸の水社審特有の杵音樂の哀詞は誰でもホロリとさせられる

● 日月潭【引自《台灣回想》】

國火繩槍[2]，也有些人帶著弓、箭和長矛。當中有幾個人肩膀上揹著
木架，用來揹負東西。當他們得知我們想前去拜訪後，立刻轉身導引
我們方向。

驚艷水社湖

我們大約走了一個小時之後，來到一個直徑約兩、三英里的山

註

2. 原註：火繩槍（fire lock or match lock）至今仍普遍地被漢人當做打仗及打獵
的武器。火繩槍的槍柄是圓形的，跟手槍相同，槍管的一側，有一個置放火藥
的裝置，很像是古老的燧發槍（flint lock guns）。獵人或士兵會將火繩纏繞在
手臂上，火繩的一端燃燒著，當他準備發射時，就會將火繩固定在槍管上的凸
出鐵片上，一旦扣扳機拉下這塊鐵片，上面的火繩就會引燃置放在槍管內的火
藥。

谷，當中的大湖（即日月潭）佔了很大的面積。山谷四周都被高山圍
繞，西面的高山有一部分已被漢人開發，但東面的高山依舊樹林茂
密，是完全屬於野蠻人的領域。直到最近幾年之前，這片山谷一直都
是水番的獨占財產。現在，他們的村落仍然在這裡，但已經讓一些漢
人交易者定居在此。這些漢人幾乎取得了大湖四周所有平坦的稻田，
而他們付給水番的代價，就是中國式的蘭姆酒──米酒（samsu）。這
些水番就像一般的野蠻人那樣，相當酷愛米酒。

　　我們到達湖邊時，看到一個野蠻人正駕著獨木舟，用手網（dip-
net）在睡蓮之間捕魚。當我們答應給他一些香菸後，他終於慢慢地搖
槳過來，讓我得以仔細地瞧瞧他所駕的船及漁獲。那條船是以樟樹幹

● 獨木舟【引自《台灣回想》】

製成的，看來是用火來燒空中間的部分，可能已有幾百年之久了。船身的兩端是敞開的，所以必須用黏土和草皮來阻隔進水。他的船底有五、六條鯰魚，這種魚跟我們在西方國家的湖裡或磨坊水池裡所看到的很相似。另外，他也撈到了一些蛤仔。我們既然已到達目的地，便準備與苦力們結清工資，遣送他們回去。但苦力們卻照例索取兩倍的工資，我們經過一番討價還價之後，好不容易才把他們打發掉。

我們到訪的消息一傳到大湖對面的部落，那裡的老酋長立刻派了一條比較大的船隻，加上幾個壯丁水手，前來迎接我們。我們把行李搬上船之後，坐在船上遊覽如此美麗的湖色風光，先前跟苦力們討價還價的不快，以及幾天來長途跋涉的辛苦煩惱，全都拋到九霄雲外，忘得一乾二淨了。沿途，水手們以他們特殊的調子唱了一首歌，歌聲配合著他們搖槳拍打水面的節奏，每一下都濺出許多水花，真是美妙極了。後來我們才發現，這首歌是他們從北邊的熟番基督徒鄰居那邊學來的，但他們以自己的狂野方式來重新詮釋。或許他們是要以這首聖歌來取悅傳教士甘為霖先生吧！後來我們也在烏牛欄（Ogulan，即今南投縣埔里鎮愛蘭）聽過這首聖歌，但他們不像水番唱得那麼高亢狂野。

下面舉出三首我在埔社所聽到的熟番聖歌，歌詞是以羅馬字母拼音寫成的河洛話[3]：

註

3. 譯按：這些熟番音樂都是平埔調，其中第一首現在收集在台語聖詩第六十二首第一節，有興趣的讀者可以去參考吟誦。

No. 1

Siong te chhong tso thin kap toe
上　帝　創　造　天　及　地

Sin chian ban mih tak hang oei
生　成　萬　物　逐　項　會

Kong lo kek toa iu kek khoah
功　勞　極　大　又　極　闊

Chit si chheng ho eng bo soah
一　世　稱　呼　永　無　息

No. 2

choa kau thian tong eng oah so tsai
導　至　天　堂　永　活　所　在

Che mng che lo oeh oeh kham khiat
這(個)門 這(條)路　窄　窄　坎　坷

No. 3

siong te peh sin ti khong ia
上帝　百姓　在　曠野

Bo thang lim chiah bo thang khai
無　可　飲　食　無　錢　花

水番部落

　　水番的主要部落位於大湖的西側，靠近湖的北端，我們就在那兒登陸。滿頭白髮的老酋長以及全族的人都在岸邊歡迎我們，有些人上前來跟我們握手，並且說「平安」（pen-an）——他們已盡可能地接近河洛話的「平安」（peng-an）——意思是「祝你平安」。這種問候方式可能也是跟附近的熟番基督徒鄰居學來的，因為漢人見面時，從來不會以握手來致意。水番男人的穿著跟我們先前在路上遇見的人一樣，但十歲或十二歲以下的男孩，幾乎都不穿衣服。所有男人都拔掉上顎的兩顆外側門牙，只留下中間的兩顆，看起來很像松鼠的牙齒。男孩好像在八歲到十歲之間，就進行這項去齒的儀式。女人通常用一整塊的中國布料來包住全身，看起來很像馬尼拉婦女披在身上的「紗雅」（saya）。另外，她們在大腿膝蓋以下也捆紮了布條，可能是用來避免在叢林裡被荊棘刺傷。

　　我們被帶領到一間很大的竹屋，它的屋頂鋪草，建在一塊高出地面兩、三英尺的土堆上。屋子裡面就像一個大營房，四、五個角落處都有火把，地上鋪著同樣數量的竹床，每一個角落似乎是不同的家庭在居住❹。房子中央有一根支撐屋頂的樑柱，柱子附近掛著許多火繩槍、弓、箭，以及其他打獵戰爭的用品，這些裝備是供屋子裡的所有成員使用的。另外，在竹屋門口及中央的樑柱處，也仔細地懸掛了許多猴子、公豬和其他動物的頭顱，看來水番們保留他們所捕獲的這些

註

4. 譯按：應該是同一個家族而各個小家庭之間並沒有隔間，全都住在一個大雜院裡。

動物頭顱的用意，就像其他較兇殘的部落保留戰爭中所取得的人頭骨那樣，都是做爲裝飾之用的。

甘爲霖先生在此與我們分別，當天就繼續前往北邊的熟番地區，去視察他的傳教事工，布洛克先生和我則繼續留在湖畔，準備待個幾天來打獵。起初，我們很困擾住宿的問題，因爲水番們似乎很擔心我們繼續留在他們的村莊。最後，他們將我們引領到一位住在湖中小島的老漢人處。那個老漢人接著又用船把我們帶到他兄弟家，那裡很接近水番的主要部落。這位仁兄似乎在週遭漢人之間享有最高的權威，這很有可能是因爲他擁有最多的稻田。他是個友善愉快的老人，讓我們住在他那間用於祭拜祖先的房間裡。房間的一個角落擺設著他祖先的靈位，他並沒有迷信到認爲，我們這些外國番子的出現，會傷害或騷擾他的祖先們。於是我們就像待在其他地方一樣，在這些可敬祖先的庇佑之下，安心地吃飯睡覺。我的僕人旺仔借來一、兩個舊鍋子，很快地準備了一頓美味的晚餐，有魚有蛋還有白米飯。我們在房間裡找到幾塊床鋪，鋪上了露營用的床墊，並稍微整理一下內務。

我放出消息，說我願意購買一切生物來做爲自然歷史博物的標本。很快地，就有一大群水番及漢人的小孩來替我收集標本。不久，我的酒精罐子內就有了從湖裡和湖邊樹林裡抓來的魚、蛇、烏龜及其他類的生物。在這個過程中，我清楚地看到水番小孩及漢人小孩之間的差別。不管是因爲心滿意足或是感到厭倦，總之，水番小孩很快就停止了工作。然而，漢人小孩卻不斷地工作，只要我還願意付錢，他們就會繼續採集我所需要的生物。我在湖邊發現了幾種很漂亮的蝴蝶，那些蝴蝶跟海岸所見的有很大的不同。一群男孩跟在我後面，替我四處捕捉蚱蜢、螳螂及其他的昆蟲。我們划船環湖而行，但除了看

到少數的鷿鷈（grebes）❺和一隻孤獨的藍鷺鷥（blue heron）之外，並沒有發現其他的鳥類。大湖的東面樹林相當茂密陡峭，我們根本無法深入，連站在外頭都看不到幾隻鳥兒。

從酋長以降，整個水番都可以說是一群大乞丐。他們不斷地來到我們的房間，帶著一點點的蛋或甘薯充當禮物，就希望能夠得到較大的回報。由於我們希望能盡量多看一些水番，並記下他們的語言，所以我們也就不以為忤了。

我們到達此地時，正值稻米收割的時節。水番們成群結隊地幫忙少數幾個漢人收割，但這些收穫似乎沒有他們的份。水番男女在田裡工作時，總是一邊唱歌，一邊開懷大笑。有些男人正把已經脫粒的稻米揹回他們的村子裡。沿途，他們異口同聲地喊著一種單調卻悅耳的自我打氣語：「哦賀！哦賀！」（oh-ho-oh-ho）他們喊叫的回音傳遍了大湖和山林。

有一天早晨，我被一群小男孩奇特的原始圓舞曲歌聲所驚醒。如果他們有機會在一個文明國家裡巡迴演出的話，應該可以賺上一大筆錢才對。從音樂上的天份來看，福爾摩沙的原住民和他們的漢人鄰居，兩者可說是有天壤之別。漢民族的耳朵和喉嚨的構造，似乎跟別的民族完全不同，我看除了他們自己之外，其他的民族根本無法享受他們那種音樂。我所說的並非個別的情況，而是整個民族的普遍現象，這或許是個值得深究的題目。另一方面，根據我的觀察，全世界

註
5. 譯按：一種潛水鳥類，嘴巴尖，翅膀短而窄，腳趾有蹼，腿在身體後部，走路時重心不穩會搖擺，但很會潛水，求偶時會表演複雜多姿的水上舞蹈，雌雄輪流孵蛋。

的原住民音樂都是悅耳且富音樂性的，他們能輕易地學會我們的歌曲，然而這些歌曲對於漢人而言，卻難如登天。

我們跟著一群水番和他們的狗出去獵捕野豬，但沒有什麼收穫。之後，我們決定去拜訪附近的熟番村落。這時突然傳來我們的漢人屋主兒子的死訊，使我們的行程更加倉促。屋主整個家庭立刻陷入一片哀悼之中。我只能說，漢人表達哀傷的方式實在過於感情外露，叫旁觀者感到不太舒服。喪家的大門前鋪上一張墊子，死者的老母跪在上面，身體前後不停地搖擺，哀嚎著她死去的兒子，聲音傳遍整個村莊。老母口中唸唸有詞，不斷重複述說她兒子的美德，以及她自己的哀慟，聲調非常緊張高亢，中間穿插著泣不成聲的抽泣和慟哭。不時會有喪家的親戚聞訊前來慰問，那死去活來的哀嚎聲會因此而升高加倍。中間休息時，她們的痛哭哀嚎聲稍歇，吃些米飯喝些茶補充體力，然後又重新開始。死者的老父雖同樣哀傷，卻用較平和的方式來表達心中的悲痛，不像女人那樣哭得死去活來。他們迅速地組成一支年輕人隊伍，並武裝起來以避免野蠻人的攻擊，立刻循著我們所來的路線去把屍體運回來。

那天傍晚，我們告訴水番的酋長說，隔天早上我們要繼續前往埔社拜訪，需要有人來挑行李，於是有九個水番男人前來充當挑夫，他們所揹負的行李，是三個漢人苦力幫我們挑進來的。這些水番一進門，就爭先恐後地挑選最輕的行李，其中最壯的幾位，甚至在一開始只拿了幾樣我們可以隨身攜帶的小東西。但最後他們平均分攤，每個人揹著一個木架來裝行李，用繩子綁住行李，另以一條皮帶綁到前額上固定。當我們跟老漢人屋主告別時，雖然他仍處在喪子之慟，但對我們還是相當仁慈，仍禮貌地跟我們道別。我們離開那間屋子很遠之

後，仍聽得到哀切的哭聲。

前往埔社

我們這支保鏢隊伍，肯定會讓所有熱愛野外生活的人欽羨不已。每一個人都帶著火繩槍或弓箭，也配戴插在木鞘裡的長刀。酋長的大兒子在最前面領隊，他頭上沒有戴東西，長髮綁在後頭，身穿鹿皮的短夾克，長度只及大腿，手臂和雙腳都是裸露的。其他人的衣著和武器跟領隊差不多，全部成一路縱隊跟在後面。老酋長走在隊伍的最後面，他之所以跟著來，是為了領得一份報酬，並看看有沒有其他酋長應得的額外補貼。為了維持他的尊嚴，老族長只帶了火繩槍，以及一把中式的大雨傘。那把雨傘是布洛克先生的，雖然此時沒有下雨也沒有太陽，老酋長卻始終將雨傘撐在頭上。他年輕的時候，曾被一頭野豬在大腿上咬了一個大傷口，深及骨頭。他沒有經過手術，傷口自然瘀癒之後，在大腿留下了一個大窟窿，我甚至能夠把手伸進去。他儘管有這道傷口，並已屆七十五或八十之高齡，但仍然跟年輕人一樣活躍。

當我們離開水社往埔社邁進時，一切似乎都很順利。但突然間，我們的水番保鏢蹲趴在地上，有些人開始痛苦地呻吟著，另些人則用刀搗打他們自己的槍頭❻。當我們詢問怎麼回事時，他們說，有一隻能預言的鳥剛剛在小徑的左邊啼叫，那是有獵頭族要發動攻擊之類的壞兆頭。經過短暫停留之後，我們繼續前進，然而他們仍舊戰戰兢

註

6. 譯按：準備殊死一戰的狀態。

兢，不斷地搗打槍頭並呻吟著。這壞兆頭的鳥兩度阻礙了我們的行程。後來，那隻鳥終於在我們的右邊叫了，這是好兆頭，於是我們再次迅速前進。

我們經過一處樹林密佈的陡峭山區，看到許多樟樹，深邃的山谷溪壑被野生芭蕉、茂盛的蕨類植物所遮蓋。我拿著網具走在隊伍前面，在樹林中捕捉從路邊灌木裡飛起的稀有蝴蝶和飛蛾。我也捕捉到好幾種小型的樹蜥，這些蜥蜴的數量特別多，或許這就是樹林裡食蟲類鳥兒特別少的原因吧[7]！水番向我們指出了好幾個地點，說那裡曾有小群的漢人遭生番獵頭。生番似乎慣於埋伏在隱密的叢林裡，窺伺像我們現在正在行走的這類荒涼小徑，一旦發現有人落單或沒有武裝，就一湧而上，獵取盡可能多的頭顱，然後便匆匆撤退到他們山上的部落。

熟番

當天下午，我們終於走出密林山區，進入一個被稱作埔社或埔里社（Posia or Polisia）的環狀大山谷（即埔里盆地）。這山谷的直徑約五到七英里，裡面有三十個村莊，人口約六、七千人，大多是熟番。埔社內大部分的土地都已耕種，但是跟漢人的精心耕耘有別，依舊隨處可見長滿灌木和蘆葦的小塊土地[8]。

不久，我們看到一條寬廣的淺溪，十幾二十個婦女和小男孩正在上面捕魚。他們在河床上築起長長的堤壩，將原先寬闊的溪流縮小了

註
7. 譯按：因為兩者都是以蟲類為食物。
8. 譯按：熟番的耕種比較粗糙。

許多，部分的河床開始變得乾涸。透過這種新奇有效的手法，他們就能夠用手在石縫及河床上遺存的小水坑間，捕獲到許多小魚、蝦和龍蝦❾。他們一看到我們，就放下手邊的工作，走到馬路上來跟我們握手說「平安」，這種問候方式已經成為熟番基督徒的特徵。他們很熱情開心地歡迎我們。也許他們做夢也想不到，除了傳教士之外，還會有留著大鬍鬚的白種人基督徒來到他們這裡。埔社熟番的身材比水番高大，長相也較好看，他們的成人跟漢人一樣高大。他們的臉頰寬，看起來溫和善良，有些人的樣子很像高加索人，但他們的嘴巴很大，而且經常有暴牙。他們的穿著很簡陋，大都是穿漢人的粗棉製品及自製的亞麻布衣。

我們沿著溪流而下，橫渡了幾次溪水，源自深山的溪水相當清澈冰涼。之後，我們爬上一個大約一百英尺高的陡坡，發現自己站在一塊直徑一英里多的台地上，這台地顯然是古時候山谷遺跡的一部分。這裡的地勢太高，難以灌溉，上頭長滿了雜草和幾叢竹林。我們接近的腳步引起竹蔭下一群水牛的恐慌，牠們發出鼻音示警，然後穿過台地離去。我們經過幾分鐘的步行之後，來到了烏牛欄。除了烏牛欄外，台地上還有一、兩個其他的村落。當我們走進這個用泥土和竹子所建成的村落時，全村的人都出來歡迎我們。男女老幼排隊跟我們握手，並且都以「平安」來問候請安。有些人握一次手還覺得不夠，又跑到隊伍後面，排隊等待第二輪。

我們在沿途所經過的漢人村莊，背後總是跟隨著一群冷淡、猜忌

註

9. 校註：溪中並沒有龍蝦，這是原作者誤記。

● 烏牛欄教會【引自《南部台灣基督長老教會設教七十週年紀念寫真帖》】

的漢人，並不時在後面大叫「外國番仔」。沒想到來到這裡，我們卻
受到如此熱絡的歡迎，真是受寵若驚。我們打算在此停留兩個禮拜。
我們被引導至一個剛建好的小教堂，發現甘為霖先生就在裡面。這間
教堂，以及這山谷裡另外的兩間教堂，都是熟番基督徒自己建造完成
的，幾乎沒有花到外國傳教士的錢。教堂是用土磚建造的，外頭砌上
石頭，教堂的木質結構則是取材自當地的樟樹。教堂的地板是泥土
地，上面擺了用樟樹製成的粗製長凳。二、三十個男女孩正在那裡讀
書，這時被我們的到訪打斷。女孩子們幾乎都高興地配戴著貝殼和紅
玉石的串珠，那是甘為霖先生用來獎勵她們精通閱讀的禮物，男孩們
則欣喜地把玩甘為霖先生所送的廉價中式刀子。他們的穿著都很簡

陋，很多十二到十四歲的男孩，只穿一種短裙充當褲子。但他們似乎很喜悅，個個都渴望學習。

教堂的一側，有一間泥土塊建造、茅草屋頂的小房子，有位年輕的漢人居住在此，負責傳道兼任學校老師❿。教堂的另一側，則是甘為霖先生所稱的「牧師館」⓫。這間房子跟漢人傳道師所住的屋子差不多，是熟番預備給傳教士來訪時居住的。我們就住在這間牧師館，裡面有白色的粉刷，以及簡單的桌子、床架。

很多居民前來探望我們，他們在泥土地面上不斷地來回走動，揚起了許多灰塵，小窗戶上的油紙也被好奇的手指戳破了很多洞。即使有這些小缺點，但至少對我來說，能夠與這群既單純又好客的原住民相處，仍帶給我滿心的歡喜。我們的一舉一動，他們都感到好奇，總有一群人在旁邊圍觀。因為屋內空間有限，逼得我們不得不到戶外吃東西、梳洗頭髮等等。布洛克先生刷牙的動作非常戲劇性，經常引來一大群好奇的群眾以羨慕的目光觀看。然而他們的好奇心顯得友善，只是純粹想了解我們，不像我們一路上所習見的漢人目光那樣，總是粗魯地瞪著大眼猛瞧。有個有趣的老人家，一直擠在好奇的人群之中。他像其他人那樣，穿著一件單薄的上衣，以及不到膝蓋的短褲。為了抵禦早晚的寒氣，他總是帶著一個小籃子，裡面放著陶製容器，容器裡放滿了燒紅的煤炭。他經常蹲在地上，把籃子擺在兩膝之間，這幅景象真是奇特有趣。

註

10. 譯按：所謂學校就是教堂辦的學校。
11. 譯按：甘為霖本來就是牧師，因此他到各地巡迴視察的行館，稱為牧師館乃是合情合理的。

正如較開化國家的基督徒婦女對待他們的牧師一般，此處年長的熟番婦女也表達了對傳教士的善意，她們常拿成熟的水果和一些小米製成的甜點來給我們吃。她們那麼貧窮，我們實在不忍心白吃，但每當我們說要付一些錢時，有些婦女甚至覺得心裡受到傷害。

收集標本

布洛克先生走到跛腳了。等待他復原的這段期間，甘為霖先生前去拜訪山谷裡的其他教會，我則打開隨身攜帶的酒精罐，很快地就在當地形成一個活絡的市場，採買魚、蛇、烏龜，以及任何當地人在漁獵途中所捕獲的有趣標本。標本裡以蛇類最多，其中還有好幾種是毒蛇。我這趟穿越福爾摩沙的旅程，收集到大約八十隻蛇類標本，可能分屬四十到五十種不同的種類，其中大部分都是在埔社附近捕捉到的。

人們通常把活蛇套在竹竿上，直接捉來給我。有一天，某人帶了一條很大的蛇來給我，牠被套在一支長棍的尾端，這隻大蛇引起門口聚集群眾的一陣恐慌。我通常的習慣，是先輕敲蛇的頭部，讓牠昏迷即可，不傷害到蛇鱗，然後用手指捉進我的酒精罐中。甘為霖先生因為經常在一旁觀看，這時似乎也想當一次弄蛇人。他先用一支小棍子輕輕地拍打地上的蛇，那條蛇立刻撐開了頭頸，我看到牠頸部背後有兩個斑點般的大眼睛，使我想起之前讀過的關於印度眼鏡蛇的描述文字。我立即叫甘為霖先生趕快閃開，幸而他及時離開，否則可能被這毒蛇咬傷呢！後來證實那條蛇的確是眼鏡蛇（hooded snake or cobra dicopello），是目前所知最致命的毒蛇。

這裡還有一種數量很多的草綠色毒蛇。有一天，一個十三、十四

歲的男孩帶了一隻過來，套在一支棍子的尾端。我給了那男孩一點錢，然後叫我的僕人旺仔把蛇丟到門外放生，因為我已經有好幾條這種蛇了。當那男孩看到他捉來的蛇被丟棄時，就把錢拿來還我。我叫旺仔跟他解釋，說我已經開價要購買蛇，但因為我已經有好幾條了，所以才把牠放走，我給他的錢是為了答謝他的辛勞。但是那男孩直搖頭，我只好把那條蛇捉回來，當著他的面把蛇放進酒精罐中，那男孩才拿了錢高興地離開。年紀較小的男孩和女孩們則帶來甲蟲、蚱蜢和蟋蟀，我給了他們一些錢，他們便高興地拿去買甜糕餅和花生米來吃。那些零嘴是跟一個經常在附近兜售的老漢人小販購買的。

獵人為我捕獲了大量的獵物，所以我不太需要親自打獵，就有足夠的動物能夠剝皮保存。第一批的獵物當中，有一頭棕色的大鹿，牠有一對漂亮的鹿角。這頭鹿是由開山（Kisanhia，即潘開山武干）長老所射得的，他是將基督教引進熟番的發起人。天黑之後，居民們舉著火炬將這隻鹿帶回來，將牠放在教堂前的一間老舊棚子，那是他們最初的禮拜場所。他們在棚子裡升起了大火，全村的人都聚集過來。有些老人情不自禁地感謝上帝賜給他們這隻鹿，年輕人則在我的指導之下，起勁地進行剝皮的工作。剝皮過程中，一些男孩圍過來，用手汲取鹿血來喝，舐唇吸指，一副很享受的樣子。接著，他們陸續獵回了一隻漂亮的大猴子，兩、三隻跟貓一般大的飛鼠，然後是一隻雄偉稀有的火背雉雞，以及大量的小型獵物。

熟番在底下的大山谷間種植作物，此時正值收穫時節。他們收割稻米的方式頗為悠閒，用水牛拉著兩輪的粗製牛車，把收割的稻米一袋袋地運往他們的村莊。沿途牛車車輪和輪軸的嘎吱嘎吱聲，響遍了整個山谷。收割固然重要，但不至於阻礙他們的捕獵行動，我也獲邀

● 原住民所使用的牛車
　【2009/8/18引自http://academic.reed.edu/formosa/gallery/image_pages/Leslie/Leslie-Islands-Chinese_
　S.html】

參加了好幾次。這些獵捕行動帶有一股危險的氣息，因為獵頭生番就在周圍虎視眈眈，隨時會發動攻擊。因此，獵捕隊伍必須龐大，而且要好好地武裝。

　　熟番常用的一種獵捕方式，便是將隊伍分成兩個小隊，一隊先成一路縱隊前進，每一個人相隔一點距離，穿過山谷出口，另外一小隊人則帶著狗爬上比較高的位置，將獵物驅趕下去，另一頭的人便帶著火繩槍、長矛、弓箭在那邊等待獵物前來。他們通常會捕獵到幾頭野豬和好幾種鹿。

　　山谷附近大都是陡峭多岩的地區，但也有幾處比較平坦的樹林。沿途，我曾看到一個小湖，有幾隻野鴨在湖裡游泳。某次獵捕歸來途中，我看到很多獵捕隊伍的成員跑到一棵大樹前，在地上撥翻樹葉找尋水果。原來他們在找蘋果，但不是野生的酸蘋果（crab apples），看來是人工栽植蘋果的母株（parent stock）。這種蘋果味道苦澀，並不

好吃，但是大夥兒仍小心翼翼地將這些蘋果裝在袋子裡，準備帶回家煮。那棵蘋果樹的樹幹直徑約一英尺半，高約六十到八十英尺。

熟番音樂

　　這些熟番原先居住在彰化附近的西海岸，現在當地還是有幾個熟番村落。據他們表示，大約在三十年前，從那裡遷移到埔社 ⑫。但事實上，這可能是一個陸續遷移的過程，從那時起，不斷有悲慘困苦的熟番家庭移民過來。熟番是個比漢人強壯、好看的種族，沒有漢人的習性和特徵，當然，如果跟漢人通婚就另當別論。他們名義上是受漢人統治管轄，即便在埔社也是如此。一個最有錢的熟番向中國政府 ⑬ 買到了一個小官位，於是就成為他們族裡的統治者。但族裡大部分的司法審判，似乎仍由村裡的長老們來執行，這些長老聚在一起，商議重大的事項，但最後多半仍以漢人的方式來執行。

　　我們在埔社停留期間，每天早晚在教堂都有禮拜。鼓聲召喚眾人前來集會，在松樹枝的火把照亮之下，大夥兒讀著《新約聖經》的一章。每一個有能力閱讀的人，都輪流讀上一節經文。有些大人讀漢字，有些男孩則非常流利地讀著河洛話的羅馬拼音。他們讀完聖經後，會有一個長老禱告，然後吟唱聖歌。這些聖歌的曲調，有的是傳

註

12. 校註：熟番指巴宰族（Pazih），原先居住在內陸地區，今台中縣豐原、東勢一帶。清道光三年（1823年）起，有部分巴宰人跟其他四種西部平埔族群（道卡斯、巴布拉、貓霧捒、洪雅）陸續遷移到埔里盆地定居。作者Steere於1873年到訪，他不諳中文資料，故記載欠精確。
13. 譯按：指清朝朝廷。

教士所教的，但大多數是他們自己的曲調，這些調子是他們的祖先從前在崇拜偶像時跳舞所用的，如今卻能派上更好的用途。那些曲調雖然非常奇特，但很動聽，我們西方的作曲家如果要尋找新的主題，應該來這裡取經才對。即使崇拜聚會結束後很久，仍有很多人留下來吟唱。相較於那些傳教士不得不雇用、無知的助手和傳道人，我覺得這些聖歌更能夠引導熟番歸信基督教。我想學一些他們的曲調，所以在教堂聚會之後，就請一些小孩到我們的門口，請他們唱給我聽。一位七、八歲的小女孩擔當唱詩班的指揮，她臉上有天花所留下的嚴重痕跡。這個小女孩先起個音，然後大家就跟著唱。我也唱一些小時候主日學校的詩歌來回報他們。在我離開他們之前，他們已經學會其中幾首調子，並融合進自己的聖歌之中。

熟番的音樂，似乎跟我們西方教會的作曲家所寫的合聲曲調類似，但我在仔細檢視之後，發現女聲的主旋律雖跟男聲相同，卻高出八度。最特別的是，有幾個十一、二歲的男孩唱中音部的旋律時，不止於高出八度，使得整個合唱的效果相當怪異。

某一次晚間禮拜時，甘爲霖先生剛剛講完話，有一些熟番發現了我跟他們的傳教士來自不同的國家，於是請求我告訴他們有關美國和美國人的種種。透過甘爲霖先生的翻譯，我告訴他們一些美國人的生活情形、公立學校制度、人身和財產的安全保障，以及基督教信仰的盛行等等。我講完之後，他們全站起來向我致謝，他們的發言人透過甘爲霖先生轉告我，請我回美國時，要記得告訴美國人說，在遙遠的福爾摩沙，有一群人雖然很貧窮，但是跟他們敬拜同一位上帝，希望將來大家能夠去同一個天堂。

【校註】

下面的路線和大約日期顯示史蒂瑞於本章的旅途,全程請參考書前的
彩色圖表:

⟶ 　水社　 ⟶ 　埔社
　　1873/10/18　　　10/23-11/9

第三章　探訪生番

嚮導阿敦

　　布洛克先生的腳復原後，我們就開始準備訪問埔社以東的生番部落。我們原本的計畫雄心萬丈，打算穿越福爾摩沙島中部最寬的地帶，直抵東部的太平洋，然而命運卻注定我們打從一開始就得失望，有很多麻煩事讓人無法如願以償。近來熟番跟生番之間發生了爭執，生番的態度非常不友善，最近他們還偷走了熟番的幾頭水牛。因此那些能夠擔任我們的翻譯及嚮導的商人和中間人，都不願意冒險與我們同去拜訪生番。最後，在所有人都拒絕的情況下，只有一位名叫「阿敦」（音譯，Atun）❶的老熟番願意與我們同行。阿敦是個異教徒，還是個鴉片鬼，很多人都勸我們千萬不要雇用他，因爲他是個無賴，更是個大騙子。但除了他之外，沒有其他的人能夠引導我們前往生番之地，而且，正因爲他吸食鴉片的緣故，他才會看在五個銀元的份上，答應擔任我們的嚮導。

註

1. 校註：巴宰語 tun 或 tul 是男人名，原來是指松樹（pine tree）。巴宰人也都會講台灣話，所以沿用漢人的習慣，在人名之前加上 "a"，因此叫 Atun。

　　我們經過詳細討論和幾天的等待之後，終於出發了。老阿敦帶著臉上有一排排奇怪刺青的生番老婆，身上配戴一支獵野豬用的短矛，帶領我們前進。此外，我們也雇用了兩個年輕的熟番來幫我們挑行李。甘爲霖先生帶著他的漢族僕人隨行，而我的僕人旺仔沒跟來，他寧可待在熟番地盤的埔社等待我們回來。

　　我們在山路上轉個彎，已經看不到山脈背後的埔社倩影了。或許有些人會猜想，我們是否還能平安返回埔社，但我們可是蘇格蘭人、英國人和美國人，這三個民族的人一旦作了決定，就不會輕易反悔。

　　我們沿著一條又急又涼的山溪往東邊前行，這條溪流往西將會流經埔社山谷，兩邊的山丘都陡峭聳立一千英尺以上。我們行走在狹窄的山谷之間，因爲可供行走的溪谷有時在左，有時在右，所以我們就得不斷地穿涉溪水。我發現溪流以北的山丘，只有零星的小橡樹和松樹，地面岩石下則有些稀疏的雜草；但溪流以南的山丘卻長滿了熱帶植物，其中有蕨類、籐類和各種攀緣樹間的蔓生植物，簡直就像巴西的叢林那麼豐富。此一溪谷的兩邊山丘，竟會呈現如此不同的面貌，實在叫人難以想像，因爲兩邊的土壤似乎是相同的。溪流上起初可見鬆軟的沙岩，再往上一點就變成有結晶石英層的沙岩，更上面就是大量的板岩了。

生番、烹飪及農業

　　我們約走了兩個小時之後，發現上面溪流的渡口處有幾個生番，阿敦和他老婆便上前去跟他們談話。他們看來是很劣等的人種，身材矮小，衣不蔽體，一副害怕畏怯的樣子。這種模樣或許很符合他們的習性：像黑豹般躲在草叢裡埋伏，等待手無寸鐵的人成爲他們的囊中

之物。如果是膽敢與敵人正面戰鬥的人，是不會有這副模樣的。他們帶著老式的火繩槍，以及插在木鞘中的大刀，仔細地瞧著我們的槍枝，又好奇又害怕。他們好像是在溪流上釣魚，於是我們離開他們，繼續往前走。

　　大約走到中午時分，我們發現山谷稍微變寬了一點。我們在上方的一側河岸上，看到一塊小小的林間空地，上面種植了稻子。阿敦大喊了一陣子，終於叫醒了兩個男孩，他們似乎是在此看顧幾頭族裡的水牛。他們告訴我們，要先穿越一大片比我們還高的雜草地帶，之後再往下走到溪床。我們終於來到了一塊比較有人開墾的山林。溪流南面的陡峭山丘上，有很多處粗糙開墾之地，幾間小茅屋高高地座落在山坡之間。

　　我們發現有生番在遠處看著我們，似乎帶著懷疑的眼光。然而，當我們暫停下來時，便有幾個生番向我們走來。我們慷慨地贈送禮物給這些人，希望他們能夠帶引我們到前頭的部落，但他們似乎很不願意。他們說部落裡的人都喝醉了，如果這時貿然拜訪，對我們恐怕不太安全。何況他們才剛剛生擒到一個漢人，正在大肆喝酒跳舞慶祝，準備要割下那漢人的頭。阿敦一聽到這些消息，立刻停止腳步，當天就不再前進了。我們接受了一位老生番不太情願的邀請，準備到他的茅屋過夜。那間茅屋位在半英里外、幾百英尺高的山坡上。我們沿途靠著殘幹和樹根的幫忙，費了好大一番功夫，終於攀爬上這間茅屋。我經常在福爾摩沙各地，看到生番在這類的陡峭山坡上開墾。他們把小樹砍掉，把大樹燒死，用石板把山坡地堆成梯形的田地，以防止土壤被沖走，然後在上面種植甘薯、小米，以及不需灌溉的稻米和芋頭等作物。從地面上茂盛的稻米殘株判斷，這裡的土壤應該相當肥沃。

好奇的婦女

當我們接近茅屋時，裡面的居民頓時往外逃竄，但是阿敦和那位引我們前來的生番把他們全叫回來。我們一看到這間茅屋，就知道很難指望什麼住宿品質了。這間茅屋的建造方式，是先在山坡上挖一個洞，四周鋪滿石頭，樹幹架在其上，最後再覆蓋上一層茅草屋頂。剛才逃跑的婦女，和那個約十一、十二歲左右的女孩，在知道我們不會傷害她們之後，便從樹林裡回來，馬上生火用一個寬寬的淺鐵鍋來準備晚餐，食材有稻米和小米。甘為霖先生的僕人提醒我們，儘管此時飢餓已不容我們講究味道和衛生，但如果我們想吃的話，就千萬別看她們烹煮的過程。

當我們站在茅屋附近等待晚餐時，突然發現身上有很多跳蚤，原來是從狗及旁邊的舊草堆傳來的。我們趕緊撤退到穀倉，那裡是除了茅屋外，唯一的遮蔽處。這是一間奇怪的小型建築物，用乾草和樹皮建造，四邊都用柱子撐起，距離地面約四、五英尺。每一根柱子的頂端都有帽簷形的木板，以防止松鼠和其他害蟲侵入❷。穀倉下的空曠空間，就是我們遮風避雨的唯一場所了。今晚看來很冷，所以我們在迎風面掛上一條毯子來擋風，拔了很多周圍的稻米殘株當墊底，最後再把隨身攜帶的中式床墊鋪上，晚上的睡覺用具就準備就緒了。

註

2. 原註：這種建造穀倉的方式，可能是古代馬來民族的遺風。馬來民族最先是居住在海邊的民族（現在仍有很多馬來人居住在海邊），他們必須在水上建造屋子，所以就用柱子將屋子支撐離地。雖然這種建造方式的最初原因早已消失，但是這種習俗卻被那些離開海邊的部落居民繼續保存，例如婆羅洲內陸的迪雅克族（Dyaks）和菲律賓土著都是如此。

● 泰雅族的穀倉【引自《台灣回想》】

　　他們把晚餐送來穀倉這邊，裡面至少有一種小米和稻米做的甜點，就裝在烹煮的鍋子裡。此刻雖然沒有桌子，我們卻很享受這一頓晚餐。我們吃飽之後，這一鍋就傳給隨同我們而來的本地人，最後再傳給這間茅屋的生番家庭。

　　我們住在此地的消息很快就傳出去了。有幾個男人和男孩最先來看我們，他們穿著亞麻布材質的自製粗糙短外套，雙手雙腿都露在外面。另有兩、三個似乎是來自另一個友好部落的生番，他們幾乎全裸，只穿一條狗毛編織的淡紅色小襯裙，這條襯裙的長度比手掌還要短。也有三、四位魁偉且刺青的婦女來看我們，她們一旦知道我們沒有敵意之後，就伸手來仔細檢查我們的衣服和身體，輕拉我們的鬍鬚，看看它是不是真的從我們的皮膚上長出來，或者是裝上去的。她們也捲起我們的褲管，要看我們的手、腳和全身上下的皮肉顏色是否相同。在文明的社會裡，這些動作是會被視為粗魯無禮的。他們也是非常貧賤的乞丐，如果不給他們一點東西，就無法打發掉。我們早就

準備了針線、梳子等漢人製品來應付這種局面。他們好不容易離開後，我們就立刻捲進毯子裡睡覺。

我們第二天清晨起來時，發現有很多生番朋友來訪，每個人都急著跟我們要禮物，卻不願當嚮導帶領我們前進。當他們在準備早餐時，我就帶著槍枝到附近晃晃。我走出了小開墾地，攀爬到更高的地域，發現樹林裡有很多特殊的鳥類和動物，但整個地面都是崎嶇不平的岩石，山形過於陡峭，森林又異常稠密，我根本無法進入。我試了幾次，爬上去又滑下來，最後只好隨便打幾隻鳥兒，撿拾幾種陸貝，就返回穀倉吃早餐了。早餐和昨天的晚餐差不多，卻多了一隻飛禽，肉湯就裝在一個籐具裡端出來。

生番部落

我們讓阿敦知道，如果這趟行程僅到此為止，那麼他的報酬將大打折扣。於是他同意繼續帶領我們爬上山谷，往生番的主要部落邁進。沿途，阿敦跟每一個遇見的老生番交談，並請求他們准許我們繼續前進。山谷變得越來越狹窄，南邊的山丘有好幾處相當陡峭，並有小瀑布奔流而下。我們自從離開埔社之後，就一直朝東前進，現在則開始轉向東北方，沿著我們一路循來的那條山溪的支流走上去。我們已經遠離山溪主流旁的那些小開墾地和小茅屋了，走了幾個小時，沿途幾乎看不到人煙的跡象。然而，從這整片地區看來，即使是在最陡峭的地方，仍舊看得出最近開墾過的痕跡。很多山坡地上都看得到用石板堆砌出的梯形田地，但現在上面都長出了雜草、赤楊及其他溫帶植物，這些植物的高度都在二、三十英尺以下。

下午時分，我們終於離開了小溪，爬上一個種植甘薯的陡峭山

丘，發現上方的山脊處有一個部落，裡面零星散佈著大約四十棟屋子和同樣多的穀倉，這些穀倉的建造方式，與昨晚我們在其下度過一夜的穀倉相同。當我們進入部落時，看到許多人匆忙地往旁邊的灌木林逃竄。阿敦叫喚他們，保證我們不會傷害他們之後，這些人終於又走了回來。我們發現當中大多數是婦女和小孩，只有三、四個跛腳或生病的男人。其中一位跛腳的男子代表他們大夥發言，他指著一間空屋，表示我們可以住在那裡。

　　以這間屋子為樣板，可以瞭解生番所居住的屋子情形之一斑。這間屋子長約三十英尺，寬約十五英尺，房屋所在的地面被挖空，所以我們得往下走兩、三英尺深才能進入，屋內就像洞穴般潮濕。整間屋子沒有窗，只有一個門，雖然此時還是下午，但屋內已是漆黑一片。他們先用石頭堆積出三、四英尺高的粗糙牆壁，石壁之間有柱子做為

● 生番住屋【史蒂瑞於1873年11月訪問埔社東邊（湄溪）的生番（賽德克）部落時手繪，原書附圖】

● 生番穀倉【史蒂瑞於1873年11月訪問埔社東邊（湄溪）的生番（賽德克）部落時手繪，原書附圖】

固定，然後在柱子間交織一些樹枝，最後再鋪蓋上乾草來做屋頂。

碘酒與人頭

　　我們寧可坐在外面突出的牆上，也不願意進到黑暗的屋內。我們很快的被一群人所圍繞，他們大多是體弱多病的人，或者是腳、腿因受傷而潰瘍，或者是患了其他的疾病。他們向我們大聲索求藥物，可惜我們身邊只有一瓶碘酒和一隻駱駝毛刷，於是我開始把碘酒擦在任何患病的部位，結果非常成功，至少到目前為止是如此。碘酒有兩大效果，一個是它的消炎力道最強，二是它的顏色顯明，所以病人可以明顯地感覺到它的療效，同時又能看到它的顏色。在我結束碘酒治療之後，差不多每個人的淺棕色皮膚上，都增添了一些深棕色的碘酒擦拭痕跡。有一個老人家肚子鼓得很大，可能是因為水腫的緣故，所以我乾脆用碘酒在他的肚皮上畫滿了條紋。

　　當我們準備要到村子外頭去走走時，阿敦突然跑來說事情不妙

● 竹架頭棚【引自《台灣回想》】

了,於是我們便回到了茅屋。當時我正穿越村子,蹓躂到一個放置二十四個頭顱的小平台前。顯然這裡不久之前才舉行過某種儀式,頭顱上面都用小竹枝葉和紅色長布條的旗子來裝飾。大部分的頭骨都因年久月深而變白了,但靠近中間的幾個頭顱,仍依稀可見皮肉,卻乾枯得顯現出可怕的怒容,加上生番把他們的牙齒敲下來穿成項鍊,更增添了陰森的感覺。有些頭顱上的傷痕,明顯是被生番的大刀所砍傷的。最中間的頭顱顯然是不久之前才擄獲的,上頭還蓋了小棚架以示珍貴。當我拿出筆記本想要畫下這些景象時,阿敦又來打岔說,生番對於我們闖入他們的土地並打擾他們的生活,感到非常憤怒,此時我們的生命已危在旦夕。所以我只好立刻回到同伴那邊,那些頭顱一下子就被收走了。

禁忌

當緊張的氣氛看來暫時平息之後,我便帶了槍枝往樹林探險。有幾個生番男孩尾隨在後,他們指出一些鳥兒讓我射擊,並帶我去看他們在灌木林裡用葡萄藤做成的鞦韆。那些鳥兒躲在一處稠密的竹叢

裡，為了射擊這些鳥，我便進入那處竹林。然而，當我走出來時，卻發現那些男孩突然變得很怕我。當我快回到村子裡時，所有人都躲開我，或者用手勢叫我趕快走開。我無法接近任何人，直到阿敦拿了一瓢葫蘆的水，潑灑在我的臉、手及胸部上，用來洗清我身上的邪氣為止。我的同伴們還訓了我一頓，叫我千萬不可以招惹生番，以免危及性命。由於此時天色也快接近晚上了，所以我就決定今天不再做任何探險。

後來阿敦告訴我，他之所以用水潑灑我的身體，是因為我誤闖了生番的禁地。原來那竹叢是生番埋葬親人的墓地，我未經許可就擅自進入，是犯了他們的大忌。生番相信他們的親人祖先們一旦死去，就會變成惡鬼來加害他們，因此若有人死去，他們就把死者用泥土和樹葉匆匆掩埋在竹叢裡，從此不再踏進那地方一步。

若以這件事，以及我在這群生番中所觀察到的眾多現象，再加上島上其他原住民的行為來看，他們所相信的那套迷信和禁忌觀念，似乎與三明治島民（Sandwich islander，即今日的夏威夷原住民）尚未信仰基督教之前所盛行的那套相同，而且現在部分的馬來群島原住民部落也還保有同樣的迷信。

生番的器物

當我們進入生番所提供的那間茅屋時，發現我們那些僕人和挑夫全都害怕得不知所措，根本沒有在替我們準備晚餐。倒是有一個生番婦女生起火來，正在幫我們煮一點米飯和甜點來充飢。屋內昏暗得很，只依靠一塊燃燒的松樹木塊來照明。這木塊由一個分叉的樹幹所支撐，這分叉的樹幹就像是一個三角架。那生番婦女不斷拿刀砍那塊

木塊，想讓火焰強些，但每一次幾乎都快把火給弄熄。

看得出來這間屋子是供兩個家庭使用的，因為屋子的兩側各有一個火爐，地上也有低矮的竹製平台做為床和座位之用。除了這些家具外，屋內就只剩下一個煮東西用的鐵鍋了。福爾摩沙的原住民似乎不具備製造陶器的技藝，所以他們在跟漢人接觸之前，到底是用什麼器具來煮東西，的確令人費猜疑。屋門的對面有幾個繫在椽子上的掛鉤，上面掛著這家所持有的武器：幾支老式的火繩槍，應該是打獵用的；一對長竹柄的短矛刺槍，看來是打仗用的，刀刃旁還裝飾了幾撮人髮；一對裝在木製劍鞘的大彎刀，上面同樣裝飾著漢人的頭髮。除此之外，還有兩個特殊的紅色袋子，是以狗毛製成的，上面裝飾著有孔的小珠子，這是他們打仗時用來裝敵人頭顱的。

我立刻提議要購買這些武器，拿出了各色各樣的紅色布料、玻璃珠和其他東西來交換，但終究不能如願以償。我們唯一能購買到的東西，幾乎只剩下衣服了。這些服裝大多是以某種蕁麻的纖維編織而成，這種蕁麻的纖維非常強韌，若能費心加以編織，就能獲得品質良好且堅韌的布料。她們在編織布料時，通常會以紅色羊毛繡花來裝飾，這些羊毛是取自與漢人交換得來的英國法蘭絨或其他類似的物品。她們會先拆解這些與漢人交換得來的織物，重新編織毛線，然後再將這些毛線與當地的布料交織在一塊[3]。我們所看到的成品，想必得耗費好幾個月的手工才能完成。男裝只有一種，就是用當地布料

註
3. 校註：史蒂瑞原本想在此處插入一張當地服飾繡花的版畫，可惜找不到這類的作品。

（有時是用狗毛）做成的上衣或短袍。女人的服裝則不太容易描述，看來似乎是用一塊布料從肩膀一直圍繞到腳，很像是馬來群島的原住民所穿的「紗龍」（sarong）。

我們也購買了幾個很特殊的樂器。這種樂器是將一片竹條切割成舌頭的形狀，在前面打一個洞，穿一條線綁到竹片的尾端當做樂器的弦，然後用牙齒咬住竹片的前端，撥動那條線使之震動而發出聲音。這其實是一種原始的單簧口琴，演奏出來的聲音也相差無多❹。竹片的大小及線的粗細不同，所發出來的聲音就不同。我曾聽過幾個人一起演奏這些樂器，結果就成為弦樂團了。這種樂器似乎是生番婦女和年輕女孩的所有物，所以當她們知道我們有興趣購買時，立刻就成群結隊帶著她們的樂器來圍攻我們。她們爭先恐後地彈奏表演，用以展現這樂器的價值。若能換得漢人的剪刀、針線和有孔的串珠等，就足以讓她們心滿意足了。

刺青

在我們看來，這些美少女的刺青方式實在是不美觀，但這些刺青或許會大大地增加她們在部落年輕勇士們心目中的魅力與價值。在她們的臉上，從耳朵到上唇紋有三條平行細紋，從耳朵到嘴角再紋三條，從耳朵到下巴上面又紋上三條。在這三組平行紋之間，又再紋上垂直交叉的線條，使整個圖案有如鑽石的形狀。因為年輕女子在臉的

註
4. 譯按：這種樂器叫口簧琴，左手扶住竹片的尾端，右手拇指用來撥動弦，口腔便自然的成為共鳴箱。另外有一種很類似的樂器叫弓琴，也是以竹片為材料，只是弦是以鐵絲代替線。

● 吹著口簧琴的霧社少女【引自《台灣懷舊》】

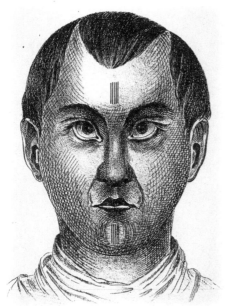

● 生番男人臉上的刺青方式【2009/8/18引自 http://academic.reed.edu/formosa/gallery/image_pages/Other/Steere-FaceTattooM_S.html】

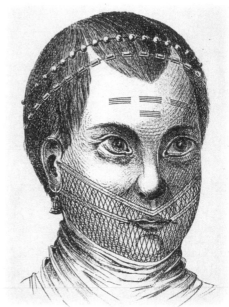

● 生番女人臉上的刺青方式【2009/8/18引自 http://academic.reed.edu/formosa/gallery/image_pages/Other/Steere-FaceTattooW_S.html】

下半部紋上大面積的刺青，所以她們的臉會顯現出黝黑的樣子，隨著年紀老化，則成深藍色。此外，婦女還會在前額紋上兩到三組的矩形刺青，每一組由五或六條平行線組成。她們在膝蓋之下的小腿前面部位，也會有幾組這類的刺青。

這一個族群的男人只在前額和下巴處各紋上一組矩

● 胸部刺青的男子【引自《台灣懷舊》】

形刺青。據說有些男人習慣在獵下敵人的頭顱時，就在自己胸前紋上一個記號，因此一位勇士可以從他的胸部看出他英勇的事蹟。據說刺青的主要材料是煤煙。女人頭上掛有白色貝殼製成的項鍊，耳垂上也掛著白貝殼製成的耳飾。

從分水嶺折返

　　這次的晚餐是米飯和小米製成的甜點，看起來和吃起來都很像玉米粉做的。幫我們做飯的生番朋友離開之後，我們就在平台上鋪了床墊準備睡覺。我們發覺平台的空間太小，頭腳都必須縮成一團，夜裡好幾度都因爲頭或腳懸空而驚醒。感謝上帝，還好我們的身體夠長，讓我們僅是懸空而未跌落。

　　隔天，一個酷寒的早晨，我們再次被一大批生番的來訪所喚醒。他們告訴我們，此地已經很靠近一大群生番聚集的部落，而且，我們也已經抵達福爾摩沙的分水嶺了。所謂的分水嶺，就是一邊的水流向東海岸的太平洋，另一邊則流向西海岸的台灣海峽。

　　我們目前可能身處海拔五、六千英尺高的地方，然而放眼望去，兩側皆聳立著更高的山峰，比我們所站的地點高出許多。我們距離東海岸不會超過十或十五英里了，然而生番卻不願擔任我們的嚮導，阿敦也斷然拒絕繼續前進。

　　早餐後，我學了一些生番的單字，發現它們跟熟番的單字很類似。我也再一次施展藝術的天份，用碘酒來擦拭所有的病患，然後我們就啓程回埔社了。我們曾經借宿一晚的跛腳屋主，陪我們走了一段路當嚮導。

遭遇生番戰士

我們下山的速度比上山快了很多，很快地，我們再次來到了那條山溪主流的山谷。我們在一處可以涉水而過的地方，發現了十五或二十個生番，這是我們在旅程上所碰見的第一批戰士，個個全副武裝。他們全都帶著長竹矛和大刀，兩種武器都以漢人的頭髮裝飾著。其中幾個看起來像是頭目的人，還帶著前文所描述過的人頭袋，很多人的頭上都掛著人齒串成的項鍊。他們身穿粗製的亞麻布短外套，長度僅及於大腿，雙腿雙手都是裸露的。因爲他們長年赤腳在山區攀爬岩石或荊棘之地，所以腳皮已硬化得如動物的角一般，腳底相當平，腳趾往外擴張，兩隻腳的大拇指都往內翻向腳跟。所有人身上都揹著米飯和小米糕做爲征戰的糧食。

他們似乎是在等待我們。在我們經過之後，他們靜悄悄地尾隨在後，成一路縱隊，並且跟我們保持一點距離。我們走了一、兩英里之後，發現另一組全副武裝的生番也在前頭等待，人數約爲七、八個人。接著出現了第三組武裝的生番部隊。現在我們已被三、四十位全副武裝的生番隊伍前後包圍了。我看到其中有些男孩才十五、六歲，然而他們的表情嚴肅，跟大人一樣果敢堅決地跋涉而來，也許每個人心裡都盤算著，如果此番能夠獵取我們的頭顱，那麼回到部落後，就能享受饗宴和榮耀，並成爲現在某位正焦急等待他們凱旋歸來的紋面少女的如意郎君。

無疑地，這群生番正踏上獵取人頭的征途，但不確定他們所欲獵取的對象是不是我們。然而，我們知道，我們的頭顱就像其他人的頭顱那樣，在他們的部落中同樣具有價值，同樣可以做爲裝飾品。一旦我們遭到攻擊，唯一能保護我們的，就是身上的武器了。有些生番走

在我們前頭，有些跟在我們後面，他們似乎想擠進我們的隊伍來衝散我們，但我們緊緊地靠在一塊。甘為霖先生走在最前面，他拿著一根結實的核桃木手杖，那是傳教士武裝自己的最大極限吧！布洛克先生緊接在後，然後是漢人和熟番的僕人以及挑夫，我則走在隊伍的最後面。

有一段時間，這些生番開始擠向我們，似乎隨時都會發動攻擊，我們可說是危在旦夕。我立刻大聲問布洛克先生，他的手槍準備好了沒，告訴他隨時都得準備射擊。走在前頭的甘為霖先生聽到我們這番話，立即驚訝地回頭對我們說，射殺這些生番是非常可怕的念頭，他寧願毫無抵抗地被割頭❺。我們則提醒甘為霖先生，關於生死之事，每一個人都得自行判斷、自己作主才行。

當我們迅速而鎮定地往前邁進時，布洛克先生和我始終食指扣在扳機上，隨時準備發射。說時遲、那時快，正巧有一隻烏鴉飛越我們上空，我立即舉槍發射，那隻烏鴉直接掉落在我們正前方的路上。生番們發出一陣驚嚇的喃喃咕嚕聲，其中一位跑去撿起那隻被射落的烏鴉，並拿給他的同伴們看，然後我們就繼續鎮靜地往前推進❻。

大約中午時分，我們經過了山坡上最後一個高山開墾區和茅屋，抵達了下面的中立地帶❼。我們在一棵樹下歇息片刻，吃點東西，那

註

5. 譯按：舊約聖經摩西十戒的第六戒就是「不可殺人」，甘為霖先生身為傳教士，大概是奉行此戒命。

6. 譯按：甘為霖先生在他的回憶錄《素描福爾摩沙》（Sketches From Formosa）中也特別提起這一段往事，該書中譯本已由前衛出版社出版。

7. 譯按：生番盤據高山，而平地主要是漢人霸佔，中間地帶大約是熟番居住的地方，漢人和生番也會來中立地帶交易買賣。

些生番跟蹤者跟到最後的山丘口，就回頭不再跟蹤了❽。我們正在吃東西的時候，有一位我們未曾見過的年輕生番走了過來，他穿著奇異的刺繡襯衫，頭上裝飾著白色貝殼珠子，耳垂吊著白色盤狀的耳環。這位年輕生番跟我們說，掌管三十個生番部落的大頭目「阿味潭」（音譯，Aweatan）正在附近不遠的部落裡，他身旁帶著八十個戰士，想要見我們。我們禮貌但誠實地回答說，我們雖然很願意跟阿味潭大頭目見面，但是我們今天晚上必須先回到我們埔社的朋友那邊。

返回埔社

吃過午餐之後，我們繼續往埔社的回途邁進。我們離開那些生番之後，就再也沒有見過他們。當天晚上，我們回到埔社的烏牛欄，受到熟番朋友們熱烈的歡迎，每一位都來跟我們握手並且說聲「平安」，他們似乎很高興看到我們平安歸來。

無疑地，生番獵人頭的傾向，因為憎恨漢人的報復心理而增強。他們原本住在比較肥沃的土地，卻被漢人不斷地驅逐到山上的蠻荒不毛之地。然而，獵人頭是一項眾多的馬來民族分支所共有的古老傳統，如婆羅洲的迪雅克族（Dyaks）、呂宋島內地的野蠻民族，以及菲律賓許多島嶼的原住民都有這種習性。

熟番的例子就顯示出，這種習性基本上不是根源於報復心理，而是基於對人頭的愛好。熟番每年都會進貢稻米和水牛給生番，用以求得平安無事，然而每年差不多仍有十四到二十個熟番遭到生番獵殺。

註
8. 譯按：此處已經不是他們的地盤了。

熟番們都知道，他們某些親人的頭顱，正裝飾著山上的某個部落。

【校註】

下面的路線和大約日期顯示史蒂瑞於本章的旅途，全程請參考書前的
彩色圖表：

埔社　　──→　湄溪　──→　埔社
1873/10/23　　11月　　　11月

第四章　北行的種種經歷

道別埔社

　　甘為霖先生結束了在埔社的牧會任務之後，我們就打算到西部的漢人地盤走走。有一群年輕的熟番隊伍陪伴我們同行，保護我們免受生番的攻擊。另外，有些想出去做生意，或進行其他事務的人，也跟我們結隊同行。因此，我們一行差不多有五十人之多。我們要離開的那天早上，烏牛欄全村的人，以及許多附近山谷的居民，都來送行道別。我們一一握手互道「平安」後，許多教會的男女長老又陪我們走了一段路。我們好幾次涉水而行，如今河水已經既深且寬，流經埔里山谷的所有溪流均匯流於此。再往下一英里，這條河流便流出了山谷，沿著一個荒野的深溝，一路奔往大海。送行的長老們再度涉過冰冷的河水，才依依不捨地與我們道別，他們站在河邊目送我們，直到看不見我們的形影為止。

　　我們必須在生番的地盤跋涉兩天，才能抵達漢人居住的西海岸地區。我們第一天整日都沿著溪流而下，現在它已變成相當大的河流了，沿途流經的地區大多陡峭而險峻，山谷又很狹窄，我們不時得涉水而過，水深及腰，水流又湍急，讓我們幾乎站不穩腳步。

　　大約中午時分，我們聽到小徑附近有鹿的鳴叫聲，立即有幾個人

衝了過去，以為是鹿兒掉入陷阱之中，因為「番仔」（whan）經常設這種陷阱來捕捉獵物。結果他們發現，這頭鹿（一種體格很小的品種）是被一隻大老鷹捉住，正準備要叼走。結果老鷹看見這些人時便倉卒飛走，他們也來不及開槍，讓這頭鹿兒逃過一劫。當他們回來告訴我們這個徒勞無功的故事時，他們用一個理由來解釋這次的失敗：天父並沒有賞賜給他們這項禮物。

　　在我們準備要停下來過夜之前，曾行經一個山谷。過去有幾百個熟番居住在這一山谷，他們的屋牆和灌溉用的溝渠及梯田都還遺留在那兒，但如今卻任由灌木、雜草叢生了。這些熟番因為不斷遭受生番的攻擊，在喪失了大約一百條人命之後，只好放棄此地，撤退到比較安全的地帶。我們在這山谷最後一次涉水而過。如今，河面已超過兩百英尺寬，但水很淺，而且部分河床（約兩、三百碼寬）乾涸，上面堆積著大圓石。我們渡河之後，沿著一條小河走了一段路，在附近的幾間草屋過夜，那是先前的隊伍為了在此過夜而特別興建的。我們很快地在樹林間升起了十幾堆營火，有些人帶著武器到附近打獵，其他人則在小河裡抓到了大量的蝦和小魚。晚餐後，大夥聚在一塊做禮拜，以熟番自己的調子唱了幾首聖詩，之後我們就漸漸進入夢鄉。

　　第二天早上，我們攀越一座很陡的高山，然後往下來到一個有小溪流經的山谷。這條小溪所割劃出的河道，有好幾處的深度達到一百英尺左右，兩側的河岸垂直聳立著。這條小溪的河道在好幾個地方都只有幾英尺寬，因此我們必須成一路縱隊才能前進。河岸是由泥沙、砂礫及大圓石所構成的。沿岸到處可看倒落的樹幹，有些樹幹已經快變成木炭了。

訪漢人地盤

　　前方的山谷漸漸變寬了。好幾處山丘的樹林幾乎全被砍光，取而代之的是一大片雜草，顯然我們已經靠近漢人的地盤了。當中有些山丘還設立了哨站，用以警示附近居民，有生番來襲。站哨的人發現了我們，他們發出訊號讓其他人知道我們靠近的消息。這些小哨站經常成為生番和漢人之間的血腥戰場。我們聽說其中一個哨站，曾被生番在夜裡靜悄悄地包圍，他們在哨站四周堆積了乾草堆，然後點火把哨站的人活活燒死。據說，這些哨站都是附近的居民為了自衛，出錢出力守望相助的設施。對於邊陲地區的安全措施，福爾摩沙上的中國政府絲毫沒有制度可言，任由他們的人民自生自滅，邊陲地區的居民只好自求多福了。

　　我們現在已能看見漢人在砍伐山丘的樹林和雜草。我們抵達彰化城東邊的廣大平原後不久，就開始往北邊沿著山腳前進。那天晚上，

● 地勢險要的彰化城【引自《台灣懷舊》】

我們借宿在一位待客有禮又周到的漢人家中。主人是個大地主，擁有廣大面積的蔗田，據說我們剛剛路過的那些山丘哨站，就是由他所資助的。每一個能夠獵取生番頭顱的人，他都發給五銀元做爲獎賞，重賞之下必有勇夫，聽說他因此收集了不少生番的頭顱。他的生活方式跟大多數的漢人不同，比較像是美國的大農場主，房子外面圍繞著一個漢人小村落，裡面全都住著他的僱工，腳下全踏著他的土地。他正好在收成甘蔗，所以我們有幸看到蔗糖製作的部分過程。

主人招待我們一頓豐富道地的中菜大餐，十幾道菜陸續端出來，有魚有肉有蔬菜水果，有茶有酒。他陪我們吃，用一雙筷子不停地幫我們夾菜，而同一雙筷子，他也用來夾菜往自己嘴裡送。他的態度親切誠懇，雖然跟我們的習俗不同 ❶，我們卻不以爲意。

大社的熟番

第二天早上，我們走了三小時的路，到達了大社（Toasia，即今台中縣神岡鄉大社村），那是熟番的小鎮，而且很可能是此族群的原鄉。當地的居民大多是基督徒，他們很熱烈地歡迎我們。熟番的頭人稱作「通事」（Tungsou），他曾經向中國政府購買官位，就住在大社。他一聽說我們來到大社，立刻擺上大宴席來款待嘉賓。他們殺了一頭牛，宰了好幾頭豬，還有好幾種飛禽。教堂旁邊擺了好幾個大鍋子，開始烹煮各種肉類，幾乎動員了整村的人來準備這場大宴席。教堂裡擺上桌子，有四、五十位居民受邀前來，我看食物足夠上百個人來

註
1. 譯按：指幫客人夾菜的動作。

● 十八世紀著名的岸裡社總通事——潘敦
【引自《Sketches From Formosa》】

吃。大飽口福之後，通事開始向我們訴苦，他說熟番同胞受盡了附近漢人貪得無厭的敲詐，希望在英國領事館服務的布洛克先生，能夠對他們提供適當的援助。

大社附近的土壤非常肥沃，上面生長的稻穀相當茂盛，最近才剛剛收割完成。然而，絕大部分的土地都已落入漢人之手。即使有一小部分的田地在名義上仍屬熟番所有，但他們卻揹負著相當沉重的債務壓力，要想脫離漢人的掌控，似乎只有遷移到埔社，或其他較貧瘠的內陸地區一途了

我們大夥兒就在此分手了。陪伴我們前來的熟番朋友，在此停留了一、兩天之後，就啓程返回埔社去了。布洛克先生獨自回台灣府，他準備取道彰化，沿途都走漢人地盤上的尋常途徑。甘爲霖先生和我則繼續往東北方向前進，準備拜訪約十二到十五英里外的另一個熟番社區——內社（Laisia，即今苗栗縣三義鄉鯉魚潭）。

內社的熟番

我們沿途經過一大片崎嶇不平的荒郊野地，穿越了好幾個寬闊的山谷，裡面堆滿了泥沙和圓石，那是雨季時洪水從山上沖洗下來的。現在溪流的水量不大，寬度深度都有限，所以我們大都能夠涉水而過。我們最後沿著一條溪流前進，終於抵達了內社山谷。這是一個非常漂亮富饒的地方，四周環山，座落著兩個被竹林所圍繞的熟番村落，他們全都是基督徒，至少裡面都看不到偶像崇拜或神主牌位的痕跡。

內社的熟番熱烈地歡迎我們，正如同埔社的熟番一樣。他們帶領我們到「牧師館」，那是特別為外國傳教士所建的，方便他們在造訪當地時能夠暫時居住。我們的三餐是在隔壁的助手房間裡料理，當我們吃過飯返回「牧師館」途中，總有一些婦女以：「吃飽啦？」（Chiah pah las）向我們致意。以窮苦人的世界而言，能夠吃到飽已經是人生一大福氣了。

內社山谷的居民準備在下個禮拜收割稻米，所以他們現在正在用稻米來蒸餾淡酒。他們在村莊的入口處，擺放一個粗糙的蒸餾器，下面燃起了大火。在蒸餾的過程中，村民就藉這個機會聚集起來，一起討論公共事務。這些傳教士們不是美國人，所以沒有禁止信眾喝酒，只是勸告他們喝酒要有節制❷。此時也有一隊弟兄出去打獵，結果獵到三頭野豬，其中一隻體積龐大，並長了很長的獠牙。這些豬隻全身黑色，可能是從漢人飼養的豬圈裡跑出來的。

註
2. 譯按：作者是美國人，他是貴格會（Quakers）的信徒，或許他本人不喝酒，或許貴格會禁止喝酒，但這並不表示所有美國傳教士都不喝酒或禁止喝酒。

　　甘爲霖先生和我在大社期間，曾造訪大社東南方約十英里處的客家村落大湳（Toalam，即今台中縣新社鄉大南）。因爲大湳是生番經常前來交易的地方，所以我們希望能在這裡再次碰見生番。雖然福爾摩沙北部有許多客家莊，但此時卻是我第一次造訪客家村落。他們的體格比河洛人健壯，皮膚也比較黑。客家婦女並沒有從小纏足的習俗，而全島其他地方的河洛婦女幾乎都沿襲了纏足的傳統，這可能也是客家人體格比較健壯的原因。我們在大湳只見到幾個生番婦女，從她們臉上的刺青判斷，她們應該跟埔社東邊山上的生番有緊密的關聯。她們的村莊很靠近大湳的客家莊，她們向我們指出位於東邊密林山坡間的幾處黑點，說那裡就是她們部落的所在。

　　大湳鄰近的區域大多屬於台地地形，沒有水源可供灌溉，因而無法開墾耕種，只好任由雜草叢生。在不久之前，這些台地似乎還是山谷，但流經其間的溪流把這個地方填平了，最終形成現在這種乾燥的台地。溪流兩岸所有裸露在外的岩石，都是易碎的粗糙沙岩。

　　內社的熟番花了四塊錢，向漢人購買一種可以用來毒魚的魚藤❸，這是漢人爲了捕魚方便而刻意栽培種植的。第二天早上，二、三十個熟番男女沿著他們村落旁的那條溪流而上，因爲要進入生番的地盤，所以男人都帶著火繩槍，女人則攜帶準備裝魚的籃子，這時籃子裡自然是裝了大夥兒的食物。我們至少走了五、六英里，這段路是我所攀爬過最艱難的路程。我們沿著溪流而行，好幾次都必須涉水才能過去，問題是溪邊能走的小徑實在太窄，我們只好沿著旁邊陡峭的河岸

註

3. 校註：毒魚用的魚藤是一種植物，把它的根搗碎放入溪流中，會使魚類麻痺浮上來，人們就去撿。魚藤並非劇毒。

前進，雙手緊緊地扳住岩石隙縫中生長出來的灌木，以免掉到底下的溪流。大約中午時分，我已精疲力盡，我們終於抵達溪流中的一處水潭，那兒就是我們要毒魚的地方了。熟番男女坐在山谷的大石頭上，帶火繩槍的人到附近巡視，以防生番的攻擊，然後將火繩槍放在伸手可及的地方。大夥兒開始用石頭搗爛那些有毒的藤根，把它們投入水潭的上游，藤根隨著水流而下，將潭裡的水漸漸地變成乳白色。

在等待這些藤根對魚兒產生效果的期間，大家分成幾個小圈圈，席地而坐，每組以一塊大石頭為餐桌，拿出籃子中的食物來共享。每個小圈圈都虔誠地等待當中最老的長者獻上感謝的禱告，之後才正式開動。他們吃一些米飯，配醃漬的高麗菜，就解決了一餐。他們特別把最好的部分留給我，單獨放在一塊石頭上。籃子裡有一小塊鹿肉，他們也分了一點給我。有個男人看我無法像他們那樣熟練地用手吃飯，便幫我做了一根粗製的湯匙。

我們吃過飯之後，魚兒開始浮上水面，側著身體游來游去，還游到了河岸，似乎在找尋逃脫的方法。熟番們一聲令下，就開始用矛刺魚、用網捕魚。他們沿著藤根的流向而下，似乎只要溪水仍呈現乳白色，對魚兒都會有殺傷的效果。他們捕到了幾條大魚，但整體來說，這次的捕魚行動並不算成功，我也不知道是什麼原因造成的。

由陸路北上淡水

甘為霖先生現在要返回福爾摩沙南部，我則雇用三個年輕熟番幫我挑行李及標本，旺仔照常做我的通譯，我們往北首途淡水。我們離開內社約十五、二十英里之後，經過了一片山丘及台地，這一地帶的地質為淡紅色的黏土，頗為蠻荒，鮮少人居住。溪流遠在下方穿過

去，只有山谷中一些小塊地可以引水灌溉，而其他地方的樹木都被砍伐殆盡，只剩一片雜草蔓生。在遭到火燒的林區，地上可見殘株和大棵樟樹的樹幹。有幾個漢人在殘株和木頭間工作，他們用小扁斧在劈砍樹幹和樹枝，削成一片片的木片，再將這些木片綁成一大捆送往村莊，那裡有粗糙的器材用於提煉樟腦。我在一處稍微遠離每年大火的地方，看到了一棵樟樹，樹幹的直徑約有七、八英尺。我也在那裡看到許多野生的茶樹，有一棵長在路邊的茶樹全株開滿了花，高度超過二十英尺，直徑約一英尺。這些丘陵是茶樹的原鄉，將來或許就會植滿茶樹。

我們從這些山坡地出發，往海邊的方向走去，來到後龍（Oulan，即今苗栗縣後龍鎮）的碼頭，那裡停靠著一些中國戎克船。我們看到許多剛從中國大陸過來的人，他們身上揹著行李，提著雨傘，開始四處找尋工作。從這個碼頭開始，我們又走入內陸，離開了稻田，經過雜草茂盛的地區，沿途看到幾處經過精心灌溉的小山谷。當晚，我們住在中港（Tung-Kiang，即今苗栗縣竹南鎮中港）某間骯髒的小旅社，很多跳蚤和害蟲陪著我們一起過夜。

隔天，我們大都走在乾燥的高地上，一股強勁的風吹打在我們臉上，猛然察覺東北季風已然到來。我們經過了好幾個村落，以及四周圍有城牆的竹塹城（Tekcham，即今新竹市），當中大多數居民都是客家人。當晚，我們在一個山丘上的小鄉村過夜。第三天，我們走了大約三十英里（約九十華里），來到淡水河畔的鄉鎮新庄（Sinchin，即今台北縣新莊市），然後改搭漢人的渡船，沿著淡水河而下。我們到達淡水時，天色已經昏暗了。

VIEW OF PICTURESQUE SPOT TAIWAN.

● 竹塹的東城門【引自《台灣懷舊》】

馬偕先生

　　我手上有幾份介紹函，可以去見馬偕先生。他是一位加拿大的傳教士，宣教總部就設在淡水。我上岸之後，立刻沿著漢人鄉鎮的街道去找馬偕先生，沿途又黑又髒，好一陣子才找到他的住所。馬偕先生剛好不在家，但有三、四個漢人學生很親切地招呼我們。這些學生跟在馬偕先生身邊學習，準備來日能幫助馬偕先生的傳教工作。他們用福爾摩沙的煤炭生起了明亮的火焰，我看到了幾張擱置在旁的美國報紙，猛然想到現在已經回到了文明的世界。

　　第二天早晨，幾個漢人基督徒帶我乘坐一條小船前往五股坑（Bangkokee，即今台北縣五股鄉），我在那兒見到了馬偕先生。那天是

福爾摩沙及其住民

● 馬偕牧師全家福【引自《福爾摩沙紀事》】

禮拜日，馬偕先生正在一間他所設立的教會裡做禮拜，我們剛好趕上禮拜天早上的禮拜時間。教堂內擠滿了安靜、專心聽道的人們，全部都是漢人。

當天下午，我們前往同一個山谷的另一個教會，沿途所經過的稻田，是我在島上所見過最漂亮的。稻穀剛剛收割，一大堆一大堆的稻米堆積著，幾乎看不到地面了。我們途中經過了漂亮的竹林步道及柑橘園，那些成熟的橘紅色果實叫人垂涎三尺。沿途也有一些麥田，那是我在這個島上第一次看到，現在是12月，正值麥子成熟時。

當天晚上，一個當地的基督徒開船送我們回淡水。那時風勢很大，幾乎是從正面吹過來，所以當我們的船開到河面的開闊處時，船夫就必須不斷地調整船帆，以搶風行駛。然而，他的技術並不高明，我們似乎在河中兜圈子，進展無多。最後，我們不得不停靠在河流北邊的淺灘上，自己下船走過淤泥，涉水上岸。天色漸漸暗下來，但我們還得走兩、三英里崎嶇不平的山路，才能返回住處。因為下雨的關係，此時路面上的石頭變得濕滑難行。當我們抵達馬偕先生的住所時，已將近半夜，不僅淋成了落湯雞，身體也因為多次的跌倒而疼痛不已。

我在淡水停留了幾天的時間，打包我在內陸地區所收集的標本，並透過一艘英國船隻將它們運回美國。那條船叫「前進輪」（Onward），是裝運茶葉前往紐約的貨輪。接著，我便起程前往位於福爾摩沙東北岸的基隆。

基隆採珊瑚

雖然淡水與基隆之間有大規模的煤炭運輸來往，但這些煤炭並不

● 基隆河畔的小灣
【2009/8/18引自http://academic.reed.edu/formosa/gallery/image_pages/Other/Guillemard-Creek_S.html】

是經由海路運輸，而是走一條源頭接近基隆的小溪流，接到淡水河後，再往下直抵淡水港口。旺仔和我就是搭乘這種運煤船前往基隆，它的船身又窄又長，而且相當輕，遇到無法航行的湍流處，便能夠用人力強行抬過。我們在夜裡出發，乘著潮汐而上。隔天一早，我們已經轉入淡水河的支流（即基隆河）。沿途的景觀越來越原始，山丘越來越多，這片區域看來過於崎嶇高聳，並不適合耕種，但漢人還是把上面的樹林全都砍得精光。

　　大概在中午之前，我們開始遇到湍流，沿途約有二十處這樣的水域。湍流處的水勢太急，船槳毫無用武之地，所以船夫們必須跳下水，用長竹竿橫過船頭，將整隻船架過湍流處。此時，迎面不斷有裝載大量煤炭的船隻呼嘯而過，急速地駛往下游，水波聲和船員因船隻在淺灘擱淺而發出的呼喊聲，此起彼落，真是一幅刺激的景象。

　　那天下午，我們抵達一個小碼頭，它座落在岩石之間，很顯然是

人工刻意挖出來的。有一隊小船停靠在此，正在裝載煤炭。這裡便是河流的盡頭了，此處距離基隆只有兩、三英里之遙，工人就是用竹籃子把煤炭一籃一籃地揹到這裡。

　　我們開始攀爬一處長有許多蕨類植物的陡峭山丘，幾分鐘之後，就到達了山頂。有一間小而美的寺廟座落在那兒，廟的四周種有榕樹。我們站在這間廟宇前，可以清晰地鳥瞰基隆全景。更遠處的美麗港口，以及位於港口入口處的基隆嶼（Kelung island，那是一塊鋸齒狀的角錐形巨岩），全都一覽無遺地呈現在眼前。

　　據說基隆只有五、六個外國人，他們住在港口的南側，靠近現在用來停靠船隻的地方。港口上方一英里處的淤泥淺灘上，則是漢人的城鎮所在。或許在幾年前，漢人所住的地方是可以停靠船隻的，因為福爾摩沙的所有港口，都有逐年淤積的問題，當中可能也包含了陸地逐漸升高的現象。基隆港入口處附近的棕櫚島（Palm island，即今和平島），就是陸地上升的一個例子。棕櫚島上的珊瑚岩礁（ledges of coral），看來形成的時間並不會太久遠，如今已整個浮在海面之上了。

　　我在基隆港時，得到了中國海關基隆辦事處的官員蘭德先生（Land）和提塔需金先生（Tituschkin）眾多的協助。我為了收集貝殼及珊瑚，租了一條舢舨（一種寬的平底船，建造方式很像小型帆船），每天都在港口附近的四、五個漁村來回拜訪，距離約有兩英里左右。我每到一處漁村，就有許多小孩和婦女用籃子或竹盤裝了貝殼圍過來。當中有一些上等貨，又新鮮又完整，是被魚網活擒的，然而大多數都有破損，沒什麼價值。無論如何，花個幾小時的時間來一一篩檢這些貝類是值得的。我最後是以漢人的錢幣來購買那些上等貨。

　　我們在港口較淺的地方，經過了一大片活珊瑚地帶，五顏六色，種類繁多。漢人在城鎮與大海之間的沙灘上，建有一座窯，有幾條舢舨就是專門在收集已經鈣化的珊瑚，送到那邊去燒成石灰。我特地到那裡去，收集了不少珊瑚。當漢人知道我對珊瑚有興趣時，他們就自動自發地潛到海底，幫我捉了幾種非常漂亮的樹狀石蠶珊瑚（Madrepores），以及呈半球狀的巨大阿斯特拉可思珊瑚（Astracos）。有一隻漂亮的樹狀石蠶珊瑚，一開始生長在一個破舊的壺上頭，然後又換到另一個錫罐上，那個錫罐應該是從某條船上丟下來的。珊瑚蟲（coral animals）若短時間暴露在空氣中，似乎不會受到傷害，然而，如果暴露在空氣中超過一、兩個小時，那麼牠的身體就會流出大量的液體而死掉。我之後看過一些同種的珊瑚蟲，牠們在海水退潮時，雖暴露在空氣中，卻自然地存活下來。我持續不斷地購買珊瑚，直到整個海關辦事處的走廊及我的房間都堆滿了珊瑚爲止，算一算，總共在基隆收集了約二十種珊瑚。有好幾種顏色非常漂亮的珊瑚魚類，以及很多種小型甲殼動物，跟著珊瑚一起被帶了上來，等到牠們死後從珊瑚掉落下來時，也一一地被我保存在酒精罐中。

● 基隆港【2009/8/18引自http://academic.reed.edu/formosa/gallery/image_pages/Leslie/Leslie-Tam-Sui_S.html】

我在返回淡水之前，先去參觀一下煤港（Coal harbor，即今基隆市八斗子），它是位於基隆南邊幾英里的一個海灣。雖然基隆附近的山丘蘊藏著豐富的煤礦，但幾乎所有的煤礦都是從煤港附近挖採的。深邃的山谷切開了鬆軟沙岩構

● 簡陋的煤礦入口
【引自《The Island of Formosa: Past and Present》】

成的山丘，煤礦就從那些裂縫中顯露出來。煤礦的開採完全操控在漢人手中，他們幾乎沒有投下任何的資本，只是挖一個比狐狸洞稍大一點的洞，工人必須彎著腰才能進洞採煤。如果下雨讓坑洞積滿了水，他們就放棄那個洞，另外再挖個新洞。他們是用一種類似雪橇或小船的東西，滑行於坑洞內泥濘積水的地面上，將煤從裡面運送出來，然後再由人力揹負一、兩英里的路到港口。我們參觀煤坑時，看到了很多苦力，幾乎是赤裸著身體，像牛馬一樣的工作，他們身上所揹負的重擔，或許要一頭騾子才能負荷。這些煤礦不難開採，似乎在山的表層就有很多，但我所看到的煤層都很薄。

我在基隆停留了一個星期，可能收集採購的東西也幾乎齊全了。於是我打包回淡水，剛好及時將這批收集物放在那艘英國船隻上，跟

第一批的收集物一樣，順利地運回美國。

　　我回到淡水之後，跟著馬偕先生在附近地區做了幾次的訪查，其中有一次參觀了茶園。那些白皙芬芳的大朵茶花，在深綠色茶葉的襯托之下，真是美極了。可惜現在不是採收茶葉的時候，我們無法看到採茶的過程。

溫泉

　　我們也參訪了淡水東北方約十英里之外的溫泉區。我們坐船沿河而上，在溫泉區的對面上岸，開始翻山越嶺。我們在好幾英里外的山谷，就看到了溫泉發出的蒸汽白煙。溫泉區座落在高山山谷之中，附近好幾畝的土地寸草不生，土壤也被噴出的天然氣所染白。每隔一段時間，溫泉區內便有滾燙的泉水和天然氣噴出。在溫泉區所在的山谷裡，大部分的土地都覆蓋著高溫的淤泥，當我們行走其上時，身體的重量壓碎了淤泥上的薄層外殼。我們沿著溫泉溪流而行，在溫泉區以下約半英里（約800公尺）處試探水溫，剛開始時覺得太燙，但是幾分鐘之後，就覺得蠻舒服的，尤其當一陣寒冷的強風襲來時，更是如此。我們返回淡水的途中，經過一大片種植鳳梨的山丘地，聽說這裡所生產的鳳梨品質優良，甚至還遠銷到香港。

　　在我即將離開淡水之前，有一天半夜，我們被一陣倉促的敲門聲所吵醒。我們打開馬偕先生教會房間的門後，看見了兩位傳送訊息的人，他們是傍晚時從三十英里（四十八公里）外的新港（Sinkiang，即今苗栗縣後龍鎮新港）村落跑過來的。他們告訴馬偕先生，新港東邊山區教會的助手已經被生番殺死，連同其他人員的頭顱都被割下帶走，只剩下軀體被丟棄在山徑上。馬偕先生那群年輕的漢人學生，是那位遭

逢不幸的助手的朋友，因此他們得知這個悲劇之後，徹夜哭泣落淚。
第二天早上，馬偕先生給了前來通報的人幾塊錢，希望他們回去好好
埋葬那些不幸的人。

聖誕大餐

　　12月24日，淡水的外商陶德
先生（Mr. Dodd）邀請馬偕先生
和我，以及幾個外國人，到他家
去吃聖誕大餐。他家住在淡水河
上游的某處，我們必須搭小船過
去。我們抵達後，發現陶德先生
的碼頭及庭園都裝飾著中式燈
籠。我們進屋之後，看到客廳的
桌子上，擺著英國聖誕大餐的火
雞、烤牛肉及葡萄乾布丁，其中
葡萄乾布丁是用罐頭從英國送來
的，而牛肉則是從香港冷凍運來

● 有「台灣烏龍茶之父」稱號的陶德
【引自《台灣的茶葉》】

的。我們旁邊站著安靜的漢族僕人和侍者，他們身穿白色長袍，頭上
掛著幾乎拖到地板的黑色辮子。若不是有這些人，我們此刻真的會以
為是置身故鄉呢！大餐之後，我們盡情地歡唱英文歌曲。看在這些漢
人眼裡，我們的舉止似乎就是「外國番」的確切證據了，雖然我們之
前裝模作樣地掩飾了一陣子，但在這個場合，終於暴露出「番人」的
本性來了。禮俗和常規的長久拘束，似乎改變了漢人的本性，讓他們
的行為很難超脫既定的行為模式之外。

陶德先生是最早居住在福爾摩沙的歐洲人之一，他花了很多時間跟生番交往，也告訴我一些他與生番相處的趣事。例如，他曾經參加過生番的大型圍獵行動，當時幾乎全部落的人都出動，大夥兒在一片大區域上圍成圈圈，然後逐漸往內靠近，將鹿、熊，有時還有豹，等獵物驅趕在一塊，最後就用矛來刺殺牠們。

陶德先生對於島上商業的發展付出了許多努力，其中投注最多心力的，就是茶葉的種植和製作。他初來福爾摩沙時，受到漢人的強烈敵視，他們好幾次都要圍攻他。但他靠著無比的勇氣來捍衛自己，因而能夠在漢人的地盤立足，並得到漢人的普遍尊敬。

返回打狗

當我搭船沿著福爾摩沙的西海岸南下時，再次遇上暴風雨，還好船上有幾位淡水的英國商人作伴，能夠打發無聊的時間。他們打算去廈門參加賽馬。賽馬幾乎是英國人生活中的必需品，只要有幾十個英國人聚集的地方，就會有賽馬場和賽馬會。但在中國這種地方，他們只能退而求其次，使用當地的矮種馬來比賽。我們船上就載了幾匹矮種馬，牠們被裝在大木箱中，以層層的護墊來保護，以免因船隻搖晃而受傷。

我們一群人坐在甲板上，看到胃較虛弱的人接二連三地跑到扶手邊嘔吐，從中獲得了不小的樂趣。在我們到達打狗之前，連胃最好的人也受不了，全都到扶手邊吐了。

【校註】

下面的路線和大約日期顯示史蒂瑞於本章的旅途，全程請參考書前的
彩色圖表：

埔社 $\longrightarrow$ 大社 $\longrightarrow$ （大湳） $\longrightarrow$ 內社 $\longrightarrow$ 後龍 $\longrightarrow$
1873/11/9　　　　11/12　　　　　11月　　　　　11/19　　　　11/23

中港 $\longrightarrow$ 竹塹 $\longrightarrow$ 新庄 $\overset{乘船}{\longrightarrow}$ 淡水 $\overset{乘船}{\longrightarrow}$ 五股坑 $\overset{乘船}{\longrightarrow}$
11/23　　　　11/24　　　　11/25　　　　11/25　　　　11/26

基隆 $\longrightarrow$ 淡水 $\overset{海路}{\longrightarrow}$ 打狗
12/5　　　　12/17　　　　12/30-31

福爾摩沙及其住民

第五章　新港文書

訪平埔番

　　我回到打狗後不久，就計畫
拜訪平埔番。無疑地，平埔番就
是兩百五十年前（十七世紀初葉）
與荷蘭人居住在一起，並接受荷
蘭人宣教的那個族群的後裔。台
灣府比打狗更加接近平埔番的村
落，而且，當地的教會也是由甘
為霖先生負責，所以從台灣府出
發去拜訪他們，顯然較為方便。

　　打狗的傳教士李庥先生（Mr.
Ritchie），本來就打算拜訪台灣府
的弟兄，因此我們就決定經由陸
路結伴同行。我們第一個晚上在舊城（Koosia，即今高雄市左營區）❶過

●英國長老教會派駐台灣的首任牧師——
李庥牧師【引自《台灣盲人教育之父》】

註
　1. 譯按：舊城，顧名思義，是古老的城鎮，位於如今的高雄市左營區，仍有當年
　　　英國傳教士創設的「舊城教會」聳立，而且仍活躍中。

VIEW OF PICTURESQUE SPOT TAIWAN.

（舊市界高）　　城　　舊

計大、やる守陽に手賦が城由風てし築來　海年一十度嘉
、でのたし死病が髄知に時開と工坡がたし城墜に下の画
るなし、時の日今くなのるる寸住移てしと乗十之字

● 舊城東門【引自《台灣懷舊》】

夜，此地在打狗北邊約八英里（約十三公里）。舊城曾經是福爾摩沙
的重要城市，自從漢人進入墾殖以來，一度興盛繁華，但如今卻已凋
零，大部分的房子和城牆都已失修毀壞。李麻先生在此有一個教堂，
因此我們在教堂的「牧師館」過夜，自然是比在旅社過夜好得多，又
能夠免於漢人指指點點、跟前跟後的種種困擾。

我們在第二天抵達了台灣府，跟往常一樣，沿途看到許多平坦的
稻田和甘蔗田，也穿過彎曲狹窄的小徑，兩旁有粗糙多刺的林投樹可
供遮蔭。我們在距離府城仍有兩、三英里（約四、五公里）之處，就
赫然可見巨大堅實的城門和城牆了。當我們走近時，先經過一個大
校場，廣場旁有一座小廟，前面則有一枝懸掛中國軍旗的旗杆。話
說1842年，當時大約有兩百個英國人、馬來人和印度人（這些人大都
是隨軍人員，跟隨當時駐中國的英國軍隊）在福爾摩沙西海岸遭逢海難，

● 台灣府【2009/8/18引自http://academic.reed.edu/formosa/gallery/image_pages/Bonnetain/Bonnetain-Tai-wan-fou_S.html】

他們被中國官方俘擄，之後全遭殘酷地斬首，這個校場就是當年的刑場。

　　我們穿過這個令人悲傷的地點之後，就來到台灣府的東門前。我們先經過一面較小的外牆，那是用來保護城門的，然後走近東城門，看見兩邊都畫上一位八、九英尺高的武士像，這些武士面目威嚇，手執寶劍，似乎是在保衛這個城市。當我看見眼前這些用來防衛矛、弓

箭和石頭攻擊的城牆、守望塔和防護矮牆時，我幾乎可以想像，自己現在就站在古老的特洛伊城（Troy）之前，那個守望塔就是海克特（Hector）告別他忠心的妻子安朵玫姬（Andromache）的地方，也是特洛伊的末代君王普賴姆（Priam）觀看希臘軍與特洛伊軍鏖戰的所在。中國人幾乎是亦步亦趨地遵循他們那套古老的築城防禦技術，考古學家若能來研究一下他們的城牆構造，應該可以獲益良多。

我們走進東門後，在一塊空地上，看到幾位中國官員在練習射箭。在今日這個後膛槍和大砲的時代，他們竟然還在練習弓箭！

我這一次在台灣府，跟漢人漁夫們進行了相當多的交易，因而透過他們，收集到許多精美的貝殼和奇怪的魚類，也得到了兩、三種海蛇（Hydrophidae），據說牠們是有毒的，然而漢人漁夫們卻有辦法處理，還敢煮來吃。我也參觀了普羅民遮城（fort Provence，即今台南赤崁樓）的遺跡，它比熱蘭遮城小，是荷蘭人所建的第二棟碉堡。普羅民

● 普羅民遮城【引自《從地面到天空 台灣在飛躍之中》】

遮城座落在一塊小高地之上，大約在府城的中心位置附近，雖然周遭密集地圍繞著漢人的城鎮，但碉堡裡面除了蝙蝠外，並沒有任何人居住。為什麼會任由它荒廢呢？我也說不出個所以然，或許是漢民族對於任何古老的東西都敬而遠之吧！當地謠傳說，古堡內有紅毛番的鬼魂在作怪。

崗仔林

　　我在台灣府停留了幾天之後，就開始計劃前去拜訪府城東邊的平埔番。我雇用一個苦力來幫我挑行李，旺仔隨行當翻譯，我們就步行出發了。我們在起先約八到十英里（約十四到十六公里）的路程上，看見兩旁種植了漂亮的稻田和甘蔗園，接下來，隨著地勢攀高、土質變

● 舊式的糖廓【引自《台灣回想》】

● 關廟到木柵之間的月世界地形【引自《Pioneering in Formosa》】

沙，眼前全都是甘蔗園了。當時他們正在收割甘蔗，甘蔗園裡擠滿了人，男人負責收割甘蔗，婦女及小孩則忙著去除蔗葉。之後，他們就用粗糙的牛車將甘蔗拖到糖廍，在那裡壓絞出甘蔗汁，以便製糖。製糖機具通常都放在糖廍內，糖廍狀似大型的圓錐體，構造如下：把竹竿插在地上，然後將竹竿上端向內彎曲綁在一塊，最後再鋪上稻草當屋頂。糖廍高約二十五到三十英尺（約八到十公尺），在平坦的鄉間，大老遠就能看得到。

　　接近中午時分，我們在一間廟宇旁歇腳，向大榕樹下的小販買些米飯和茶水。我們飯後再度出發，不久就來到了山丘地帶（即月世界），這些山丘看來是易碎的沙岩地層結構，因為後面高山的推升而上傾。當我們越往高山方向走去時，越發現這些山丘往西傾斜。我們很快就發現，眼前的山丘地帶宛如一片大海，一處處的山丘就像是一

片片的海浪那樣，山丘高度大多在三、五十英尺以下，最高的不會超過一百英尺。這片山丘區位在必經的途徑之上，因此，我們只好不斷地上下攀爬。我發現，有些山丘的西面看來像是古時候的海床，上面還有一些貝殼、海膽和珊瑚的遺跡。這些山丘的土壤過於貧瘠，無法耕種，只好任憑雜草叢生，漢人便割下這些雜草來當燃料。草叢之間偶而也有一些灌木，以及很多茂盛的老芒果樹。這些野生的老芒果樹在這裡生長得很好，但是否為土生土長的品種，我則不得而知。

我們在這片山丘地帶跋涉了好幾個鐘頭，沿途看不到任何房屋和開墾的跡象，只有偶而看見幾個漢人在採集雜草、灌木。我們在日落之前，終於來到了一個位於丘陵之間的小山谷，看到一些婦女和小孩正在挖掘花生、照料豬隻。從他們特殊的服裝和外貌，我們就知道他們是平埔番；從他們趕緊跑過來問候握手並說聲「平安」，我們也立刻知道他們是基督徒。我們再往前走了一下子，就看到幾間原始的屋子和一間小教堂，這裡就是崗仔林（Kongana，即今台南縣左鎮鄉崗林村）。它實在稱不上是一個「村落」，畢竟大部分居民都散居在山丘之間，當中有很多住戶還相隔數英里之遙呢！

平埔番仍然是個長相好看的種族，比漢人更加高大俊俏，但相對於他們之前居住在肥沃的西海岸，堪稱是福爾摩沙島真正主人的時代，他們當前的命運已大大地惡化了。他們被逼退到貧瘠的丘陵地帶，辛苦所得的稻米必須用來償付所欠負債的利息，自己只能以甘薯維生，因為甘薯比稻米容易栽種，也比稻米便宜許多。雖然他們講台語，並且在外國傳教士來到之前，已初步學會漢人那套祭拜祖先的儀式，但他們的服裝和外表，仍然跟漢人有明顯的差異，並依舊維持著傳統的部落統治方式。他們寄望傳教士能提供更多政治和經濟上的援

助，但實際上所獲得的，卻只是精神上的糧食，所以他們有些人便開始抱怨，宗教信仰也跟著冷淡下來。

我們抵達的當晚，教堂剛好有聚會，大約有十五、二十位拿著火炬的男女，翻山越嶺從各處前來。當地的一位傳道師負責主持禮拜。禮拜結束後，他們唱了幾首由他們的曲調所做成的聖歌。當他們陶醉於吟誦聖歌時，似乎能夠暫時拋卻貧窮的苦況，以及對漢人的種種怨氣。基督教似乎來得太遲了，已無法拯救他們脫離貧困的深淵。他們唯一的希望，似乎就是像數千個其他的平埔番同胞那樣，舉家遷移到東部高山的生番地區。

● 平埔族的房屋
　【2009/8/18引自http://academic.reed.edu/formosa/gallery/image_pages/Thomson/PepoHutte_S.html】

福爾摩沙及其住民

新港文書

　　我暫時與那位傳道師住在一塊，他是個年輕人，在受過當時環境所許可的最好的基督教訓練後，被派遣來此地，擔任教師及傳道師的工作。我原本就聽說平埔番擁有一些古老的文件，所以在我到達之後，就立刻詢問這件事。不久，就有一位村落裡的頭人來訪，他的長

● 史蒂瑞在崗仔林所取得的新港文書【原書附圖】

相俊俏，身高約六英尺（約180公分）。當我看到這位頭人從口袋裡掏出一份泛黃的古老文件時，心中真是欣喜萬分。我經過仔細檢查之後，發現上面所寫的是羅馬拼音。我完全看不懂這些羅馬拼音的文字到底代表什麼意思，但是我在這份文件中，看到了多處的阿拉伯數字，也看到文件底下似乎有簽名和蓋章，有些簽名看來只是以拇指沾墨水的捺印。這份文件上也有幾處漢字的戳記，最底下還寫上中國的年代，但年份是以阿拉伯數字來表示，中國皇帝乾隆的名字是以羅馬拼音來書寫，年、月、日則分別寫成：ni, goy, sit。換句話說，我這時手中所握的文件，是簽署於「乾隆14年12月19日」。乾隆皇帝在1736年登基，算一算，這文件大約簽署於1750年，距離荷蘭人在1662年被國姓爺驅離福爾摩沙，已是將近九十年後的事了。

當我辨識出這份文件的日期，並從上面的漢字典當標記，判斷其內容應該是關於土地買賣或財產讓渡時，這位頭人便對整件事大感興趣，於是又拿了另外一些文件來讓我檢查。他送給我第一份文件，但是保留了其他的文件，似乎認為那些文件具有相當的價值，即使沒有人能夠讀得懂其中奧秘。但是，由於他非常渴望能得到我那把隨身攜帶的槍枝，於是透過旺仔的翻譯，我把他夢寐以求的槍枝給他，他則把手頭上所有的文件給我，總共將近三十件。這些文件全部都是以毛筆寫在大張的宣紙上，幾乎都有簽名，內容似乎是關於財產轉讓和抵押，年代橫跨了清朝的三個皇帝，依次是雍正、乾隆和嘉慶，將近七十五年之久，即從西元1723年一直到西元1800年。

這些文件中，年代最早的，似乎是簽署於荷蘭人被驅離台灣後的六十年。有些人或許會懷疑，這些文件與荷蘭人的統治是否存在關聯性。然而，從文件的內容就可以看出，它們的確與荷蘭人有關。其中

最明顯的證據就是，它在書寫羅馬字母 y 時，會在 y 上面加上兩點，看起來很像是 i 和 j 連寫在一起，這種書寫方式就跟現在的荷蘭文一樣 ❷。自從荷蘭人被驅逐出福爾摩沙之後，島上就未曾有過其他荷蘭或外國傳教士、學校的記載（直到最近幾年，才又有外國傳教士、學校的進入），所以島上存在這批文件的唯一合理解釋，便是平埔番相當程度地保存了荷蘭人所遺留的教化知識，所以當他們之後與世隔絕，沒有受到其他勢力的影響時，就繼續用羅馬拼音來書寫自己的語言，時間長達一百四十年之久 ❸。

　　書寫的知識必然與某種程度的基督教信仰共存，所以平埔番間必然還保存著基督教的相關書籍。這些文件也足以證明，在相當長的一段時間內，此地仍保存了基督徒的團契生活。關於這些基督徒如何為了信仰而奮鬥、殉道的故事記錄，可能仍保存在山區部落之間，有待我們進一步的發掘和翻譯。

　　奇怪的是，為什麼我們所取得的一切文件，都是在那麼晚的年代才簽署的呢？沒有任何文件是在荷蘭人或國姓爺的佔領時期所寫成

註

2. 譯按：作者於1873到1874年間訪問台灣，他所謂的現在，自然是指1870年代。

3. 校註：Steere前文曾提到，他所收集的新港文書的年代，從西元1723年橫跨至1800年。更精確一點地說，Steere所收的二十九件新港文書中（請參見原著第192頁），最早的一件是雍正8年（1730年），最晚的一件是嘉慶15年（1810年），所以前後有八十年之久，而非作者所說的「將近七十五年之久」。Steere對中國的歷史年代並不熟悉，所以會有一些偏差。因此，若從荷蘭人於1662年離台時算起，到最晚近的一份文書（1810年）為止，推論為平埔族繼續沿用該文字的時期，那麼這一時期應該是將近一百五十年，而非Steere所說的一百四十年。順道一提，時至今日所知，最晚的一件新港文書是嘉慶23年（1818年）。

的。對此，有許多種可能的解釋。因為這些文件都是屬於財產權契約，所以可能是福爾摩沙被納入中國統治之後，平埔番為了自保，能夠在中國的法庭上對抗入侵的漢人，才不得不採用的文件。往後若能從平埔番間收集到其他的文件，或許就會呈現出不同的內容與日期吧！

另一件奇怪的事是，在某些年長的平埔番出生時，這些古老的文書還依然使用著，但至今，卻幾乎沒有人會說、寫這個語言了。只剩一些老人家對這種語言尚留有一點點記憶，但他們根本不會使用這種語言。這種語言似乎在聽講讀寫各方面同時銷聲匿跡。

平埔番之所以很快就接受了基督教，可能要大大地歸功於荷蘭人當初遺留在平埔番之間的傳統，至今依然存在著。若有人能就這個主題，收集一下平埔番先人所口傳下來的相關傳統，應該會相當有趣才對。當現代傳教之父馬雅各醫生（Dr. James Maxwell）❹首次訪問平埔番時，

● 台灣醫療傳道第一人──馬雅各醫師
【引自《台灣盲人教育之父》】

註
4. 譯按：馬雅各醫生被認為是十九世紀後半葉來台灣的醫療傳道之父，他也是台南新樓醫院的創辦人。因為長老教會長期都把他的名字翻譯成馬雅各，因此我們就跟著這樣來譯音。

有一個平埔番老人家就用他們古代的語言跟馬雅各醫生講話，結果馬雅各醫生一句也聽不懂，讓那老平埔番非常失望，因為平埔番們似乎相信，他們古代的語言跟來自遙遠海外的白種人是一樣的❺。

我推測，中國關於福爾摩沙的官方記載，一定有提及這類的文書，畢竟它們通用的時間很長，而且，與平埔番有關的法庭審判及商業交易，也一定會知道它們才對。

平埔番的語言

我聽說有位平埔番的老婦人，能說古代的平埔番語言，於是第二天，就跟旺仔翻山越嶺去拜訪她。這片地區既陡峭又荒涼，山丘似乎是由黏土和沙子沖積而成，溪流流穿其間，溪水不斷地侵蝕地面，兩邊的河岸相當地陡。每當雨季來臨，往往造成溪流氾濫，夾帶著大量的土石流，衝向山下的平原。

我們找到了那位老婦人。她雖然已經年過八十，但仍坐在地上用

註

5. 譯按：也許荷蘭傳教士有所誤導，但是羅馬拼音的確是外國來的東西，難怪平埔族會誤以為所有外國人的語言，跟他們祖先的語言一樣了，譯者小時候學羅馬拼音的河洛話讀寫時，也以為那是羅馬帝國的文字。因為外國傳教士來台灣學河洛話，也是使用羅馬拼音。台灣基督長老教會以及各原住民族群的聖經都以羅馬拼音翻譯成各自的母語，而且已經通用多年，其中羅馬拼音的河洛話聖經，更是使用一百多年了。長大之後，才知道羅馬拼音是國際通用的語言文字，它幾乎適用於所有的語言，例如：Yamaha, Sony, Samsara, Samadhi等等，讓人一目了然，打通國際視野，方便之至。如果以原本的日文或印度文甚或梵文書寫，那麼這些知名的國際品牌以及深奧的佛學專有詞彙，可能反而乏人問津了。

掘棒在挖花生。我扶她站起來之後，她就能夠蹣跚地走回只有幾步之遙的茅屋。她給我一張小凳子，旺仔做我的翻譯，於是我開始記錄她所說的詞彙。很快地，我就發現它們跟北邊的熟番語及東邊山上的生番語很接近，而且彼此之間存在關聯性。因為老婦人沒有牙齒，發音不清楚，所以我在記錄時發生了一些困難，還好，她那位四、五十歲的聰明女兒跟孫子及時過來幫忙，我終於能夠記錄成一系列的詞彙，雖然有很多單字她已經完全忘記了。

這位老婦人全家都是基督徒。她經常得翻山越嶺，步行到三英里（約五公里）外的崗仔林教堂參加禮拜。她說，每次參加完禮拜後，回到家總要躺個三天，體力才能夠復原。她有時候為了參加禮拜，不得不叫她的孫子揹著她去教堂❻。她很貧窮，雖然天氣已經相當冷了，卻仍穿著很單薄的衣衫。當我給她一塊銀元❼做為答謝時，她似乎認為那是天上掉下來賜給她的大禮物，所以在我離開時給予我祝福。

我成功地訪問平埔番之後，就循來時路打道回台灣府。途中，我參觀了一項漢人的水利工程，覺得蠻有趣的。那是一個由竹片和泥土所蓋成的大水壩，蓋在山谷的低窪深處。現在水壩裡沒有蓄水，但是

註
6. 譯按：長老教會的傳統，禮拜天兩場大禮拜之外，週間至少有一次禮拜聚會。
7. 譯按：我們不能確實估計當時的一個銀元相當於現在新台幣多少錢，但是我們知道那是一筆很大的數目。從老婦人情不自禁的感謝上天，以及作者特別提起這個數目，都可以判斷出它的價值非同小可。記得前面第三章裡作者訪問生番獵頭族時，所提供的高價的嚮導費用嗎？在沒有任何熟番願意冒著生命的危險之下，只好高價雇用吸食鴉片的阿敦，兩個禮拜的報酬也不過五個銀元。

當雨季來臨，或洪水氾濫時，它就能夠儲存相當的水量，在旱季時用來灌溉山下的平原。在此同時，山下平原的土地正為了耕種在做準備。

當這座水壩完成時，蓄水總面積可能達好幾英畝，中央的蓄水深度可能有四、五十英尺深。以這個蓄水量來說，它所使用的竹片似乎過於脆弱，漢人日後可能得經常更新才行。

風雨訪澎湖

當我返回台灣府之後，就計畫去澎湖群島走一趟，打算在那邊收集貝殼和珊瑚，據說這兩樣東西在澎湖群島非常豐富。

我搭乘德國的縱帆船「美麗號」（Fairlee）前往。這艘船經常往來於廈門和台灣府之間，進行蔗糖的買賣，由於中途會經過澎湖群島，所以船長同意讓我在澎湖下船。

我們在清晨兩點時起帆，起初算是風平浪靜，想不到天亮時，突然吹起一股強風（gale）❽。這股強風夾帶著巨浪，把我們的船隻吹離了航道，大浪越過了甲板，從四面八方拍打過來。我們的船隻已經被吹到澎湖群島以南很遠的地方，船長試圖要逆風北上，但終究徒勞無功，最後只好順風返回福爾摩沙。我們第二天早上發現，船隻正好停靠在打狗對面的海上，於是花了一整天駛回台灣府，最後停靠在我們當初出發的地點附近。第三天早上，我們重新出發，首途澎湖群島。我們經過幾個小時的逆風行駛後，終於接近了澎湖群島。在相當

註

8. 譯按：時速32英里到63英里之間的強風叫作gale，換句話說，這股強風的時速在51至100公里之間。

接近西嶼島（Sayson or Fisher's island，即今澎湖群島的西嶼）的海面上，有一條漢人的漁船開過來接我，於是德國縱帆船的船長就在那兒讓我下船。這條漢人船隻渡我到西嶼岸上，將我放在一群海盜似的漢人漁夫之間。我人生地不熟，一切只有依賴我的僕人旺仔的翻譯了。

　　一個外國番的出現，立刻引起村民的極大好奇，爭相目睹。我拿出一點錢，結果一位圍觀者馬上領我到他家休息。眼前的房間雖簡陋，但經過台灣海峽三天的折騰和暈船後，我已心滿意足了。

西嶼探珊瑚

　　隔天一早，我表明要收購貝殼和珊瑚。此時儘管風還很大，海浪也不小，但漁夫們仍然潛入海中，替我捉來一大堆活生生的珊瑚。村民的房屋和牆壁，大都是以珊瑚礁起造的。我想，在夏季時，這些村民一定都是海陸兩棲的動物。

　　我經過一天的休息之後，就開始到島上四處蹓躂，同時參觀島嶼南端的燈塔。這座燈塔是由漢人自己建造並自行維護，這種情形是獨一無二的。燈塔用廈門的花崗石所建成，非常堅固，是一座寶塔狀的四面建築，總共有四層樓，大約三十英尺高（約十公尺高）。每一樓的正面都有水手的保護女神像（即媽祖），那是以淺浮雕的方式刻在花崗石上的。在第一層有個房間，裡面放置了女神的木雕像，神像前面的香火終年不絕。燈塔的看顧者是一位僧侶（我猜是個和尚），據說他不吃肉，也戒除一切的世俗享受。神像前面放了一對竹根做的筊杯（divining sticks），船員在出海前，會來此祈求航行平安。燈塔上面用花生油所點燃的大燈，看來僅是次要的東西，四面的玻璃因為風沙的不斷吹襲，累積了厚厚的塵埃，透過玻璃窗根本看不到外頭的大

海。

　　西嶼島及周圍的其他島嶼，似乎是由一大塊堅固的玄武岩所構成，海岸邊的懸崖上，仍看得見圓柱形的玄武岩，但表面的玄武岩已經被磨碎，形成一層淺薄的土壤，幾乎遮蓋不住底下的岩層。東北季風的季節，也就是我此刻前來的時候，天氣相當寒冷，萬物蕭條，島上幾乎看不到什麼植物，但我仍然看到很多人在他們的小塊田地上耕作。我在某處更看見一個綁小腳的婦女，她手裡握著犁，用韁繩控制著水牛，蹣跚地前進著。這裡的風實在很大，似乎要把我們這些人全吹到海裡去。在其他的季風時節，澎湖群島的大部分土地會種滿甘薯和花生，當地居民也會豢養豬隻及其他家禽，賣到廈門和福州去。由於島上同時發展了漁業及農業，所以能夠養活相當多的人口。

前往馬公

　　我在西嶼停留兩、三天之後，就搭乘當地的小漁船前往馬公（Makong），即澎湖群島最大島嶼上的港口和城鎮。我們的船一離開西嶼，馬上就碰到狂風巨浪，小小的漁船幾乎就要翻覆滅頂。還好，

●馬公【引自《翱翔福爾摩沙》】

漢人老船長憑著他的經驗和技術，牢牢地掌舵，最後終於有驚無險地抵達馬公港。馬公是個相當大的城鎮，我在碼頭所見的防禦工事也相當完整，海灘上架了許多大砲。然而，就像我在他處所見過的中國防禦工事那樣，這些大砲也因年久失修，早就不具實用價值，上面生滿了鐵鏽，砲架也都頹壞崩倒，必須在下面墊東西，才能支撐大砲的重量。馬公大約有兩萬名居民，有一個很大的市場，以及許多小市集，福爾摩沙和廈門的貨物在此幾乎都很齊全。

我租下一間漢人的小房子，旺仔則去買了一些陶製的鍋壺，準備起火烹炊。因為房門敞開，屋內沒有火爐可供取暖，屋外東北季風的冷冽強風又吹個不停，讓我感到相當寒冷。事實上，屋內所鋪的地磚就跟屋外一樣潮溼。一大堆漢人不斷地打開我們的屋門，希望能夠一瞥「外國番」。我現在發現漢人所穿的厚底硬鞋的用處了。這種鞋的鞋底塞滿了厚厚的紙板，穿上之後就好像把地板穿在自己腳下一樣，果然能夠保持腳底的乾燥及溫暖。

旺仔也真的太粗心大意了，他竟把我的刀叉和湯匙遺留在台灣府，害我整整一個禮拜都用一根削尖的竹子和小刀來吃飯，我又不懂得如何使用筷子，狼狽不堪的野蠻吃相，讓我處於挨餓之中。說也奇怪，整個島上竟然買不到一套吃飯用的刀叉和湯匙。幸好最後有一艘中國的砲艦駛進馬公港口，船上的餐廳有為歐洲旅客準備的餐具，旺仔立刻去借了一套給我，吃飯的狼狽問題才獲解決。旺仔雖粗心大意，卻是個好廚子。這裡有的是新鮮的海產，有魚，有蛋，有米飯，我可以用借來的餐具好好地活下去了。

傳教士們曾供應我一些罐裝的研磨咖啡，但被我拿來當做醫藥用完了。因為當我初抵馬公時，就有許多人來跟我索取西方藥物，尤其

是一些老婦女，她們因天冷潮濕而咳嗽不停。我跟旺仔說我身邊沒有帶藥，但是旺仔提醒我說，我有一些「咖啡」（congh-ee）。我領會了他的暗示，便把咖啡變成了止咳藥水。我拿出咖啡罐頭分給那些咳個不停的老婦人，叫她們煮成藥水並加入大量的糖來飲用。結果，我的治療還頗為成功，只要有熱咖啡，他們就不咳嗽了。

大章魚

我到達馬公之後，立刻表示要購買我所需要的東西，於是很快地就有了各色各樣的活貝殼、珊瑚及各種特殊的魚類來供我挑選。我把購得的各式物種裝進一個大酒精罐中來保存，那個酒精罐是我特地帶來的。除了這些東西之外，漁民還帶給我一條巨大的章魚，牠伸展開來的觸角，長達十英尺（約三公尺），可以和雨果（Victor Hugo）在《海上苦力》（*Toilers of the Sea*）中所描述的那條相媲美了。當地人說這種章魚很危險，有時候會把豬、甚至小孩吸進大海中，必須要有兩個漁夫同心協力，才能捕獲這種大章魚。他們用船鉤勾住大章魚，然後撕裂牠的一、兩隻觸角，把牠弄殘，才有辦法將牠拉到船上。我買下了一條大章魚，發現牠被捕獲兩、三個鐘頭之後，仍然活著，只是動作遲鈍而已。漢人會食用這種大章魚，但我嚐過好幾次，總覺得牠並不適合文明人的口味❾。

這裡的珊瑚不僅種類很多，而且數量相當豐富，但我之前未曾看

註

9. 譯按：不合乎作者的口味可以接受，但是說吃章魚就不文明，那也是太偏見了。

過這裡有發現珊瑚的記載。我的房間很快就堆滿了潮濕的珊瑚，牠們排出來的水滴，使得房間裡充滿腥味，更增加了原先的潮濕和不適。

歌仔戲

我們在馬公停留期間，碰巧看見一座廟宇前面搭了大舞臺，上演著歌仔戲（Sing-song）。一群年輕的漢人打扮成古代的高貴淑女和紳士，他們口中吟唱的一套套類似演說的對話，我完全不瞭解，因此也就無法評論。但是他們的唱腔是一種奇怪的假音，舉手投足也很浮誇。扮演淑女的人，把腳趾伸進一雙很小的涼鞋中，腳掌的其餘部分則用白布捆綁起來，讓它看起來像是婦女的纏足。這種歌仔戲似乎有點古希臘戲劇的神聖味道，至少它經常是在廟宇裡面或前面演出，並且都選在宗教節慶的時候。廟宇前也擺設著各種動物的象徵物，它們

● 觀賞野台戲是舊時民眾的重要娛樂【引自《台灣回想》】

與實物大小一樣，是以竹片爲骨架，糊上各種色紙而製成的，底下則懸掛著石頭，以免被風吹翻。我看到一隻張開嘴巴的老虎，一頭水牛，一條龍，以及其他的動物。

很多中國的小官吏出席了這場盛會。當我們到達時，剛好表演結束，眾小官吏們正準備要離開。他們的轎子並肩放置在廟宇之前，旁邊圍繞了一大群旁觀民眾。在一陣鞠躬問候之後，地位最高的官吏率先進轎，其餘的官吏便匍匐在地上磕頭送行，他們的前額都碰到地上的泥土。接著地位次高的官吏也登轎了，其他人仍舊如此磕頭。這種磕頭儀式不斷上演，一直輪到第八個或第十個官吏的時候，或許因爲大家官階相同，所以彼此就不再如此多禮，直接登轎返家了。

這座廟宇的主神之一是媽祖，祂是一切討海人的守護女神。媽祖神像的左右各立了一位奇形怪狀的老護法人物。其中一位臉上全是皺紋，禿頭，用一隻手伸到眉毛的上方，好像要遮擋陽光似的，凝視著遠方。旺仔告訴我，這位護法叫「千里眼」，意思是祂能夠看到千里之遙的事物。另一位護法則是彎著腰，低著頭，姿勢向前傾，一隻手放在耳朵後面，正在專神傾聽的模樣。旺仔說祂是「順風耳」，意思是祂能夠聽到千里之內的一切動靜。

我在馬公停留幾天之後，便跟旺仔相偕去參訪澎湖島的另一端。我們約走了十一、二英里，準備到那邊的漁村採購貝殼。這個島嶼的土壤雖然貧瘠淺薄，但似乎悉數有人耕作。我們經過了幾家房子，似乎是地主自蓋的農舍，但一般而言，這裡的居民都是住在村子裡，就像其他地方那樣。我們看到在高牆的庇護下，種植了一些甘藍菜和蘿蔔，它們幾乎是此地僅見的綠色植物了，因爲冷冽的東北季風已摧毀了大部分的植物。在這島嶼的最北端，我們也看到幾棵柑橘樹，因爲

鄰近一座珊瑚礁高牆的南面，所以這些柑橘樹得以開花結果。除此之外，缺乏遮蔽的其他高山植物是很難在此茁壯的。

　　我們在北端的村落中遇見一個基督徒，他是屬於李麻先生打狗傳道區的信徒。他慷慨地招待我們到他家過夜。我們從澎湖島最北端處望去，可以看到許多島嶼和岩石，以及周圍的滔天巨浪。除非有海難等緊急事件發生，否則那裡除了漢人的船隻外，並沒有其他人會航行。

　　在這些澎湖群島之間，經常有船隻失蹤，幾乎沒有任何船員能從船難中生還。外界將這些島嶼居民視爲惡名昭彰的劫船者，事實可能眞是如此。漢人的水手和漁民似乎天性自私，當海面上浮滿有價值的貨物時，他們會認爲笨蛋才去救援遇難的船員。他們或許還認爲，最好是讓遇難的船員滅頂，否則這些人被救活後，遇難船隻上面的貨物就輪不到他們了。我停留在西嶼期間，有一天看到成群的漁夫帶著斧頭和鐵鎚匆匆下海，我問明原因之後，才曉得是島上最高處負責瞭望的人回報，說外海岩石處有船隻失事，人員和貨物都飄在海面上，於是這些可笑的小平底船便全都往海岸衝去，就像禿鷹奔向腐肉那般。

返回台灣府

　　我在澎湖群島停留了大約兩個禮拜之後，原本終日吹著的強風開始緩和下來。我發現港口內有艘小型戎克船準備開往台灣府，於是趕緊收拾這趟旅程所收集的東西，將它們打包上船，當中包括半噸的珊瑚、兩蒲式耳（約60公升）的貝殼，以及一個十加侖（約38公升）的酒精罐，裡面裝滿了各種魚類和甲殼動物。黃昏時分，我把這批東西全裝上船，當晚，我本人也上了船。隔日天亮時，我們已經駛離澎湖群

島六到八英里之遙了，遠遠望去，澎湖群島化爲海面上的一片平坦棕色團塊。在我們的正前方，可以看見遠方福爾摩沙島的中央山脈，山脈的高聳部分，還覆蓋著層層白雪。風勢已經減緩許多，但海浪仍然很大，時時打過甲板，我們這艘小船在海面上吃力地前進著。我發現船的吃水很深，詢問之下才得知，原來船上裝滿了要運往福爾摩沙的磚瓦。如果我們此刻遭遇什麼意外，那麼肯定會像一只測鉛那樣，快速地沉到海底深處，一下子就萬事休矣。

甲板上既搖晃又潮濕，所以我大部分的時間都躲到船艙裡。雖然這已是船上最好的房間，船長和船東也都刻意留在甲板，不來跟我擠，但房間還是過於狹小，我既不能坐正，也無法睡直。我旁邊的架子上，擺設了一尊被煙燻黑的小神像，神像前有個小爐，任何時間都燃著香火。每隔一小段時間，總有船員下來察看香火是否繼續燃燒，然後點燃新的香，雙手合十拜一拜，才又回到上面繼續幹活。

我在這趟旅途及其他的旅途中，經常有機會研究漢人的船隻結構。我發現這些船隻都造得很牢固，裡面用厚木板隔出一間間的小室，這些小室都是防水的，所以即使船體接近支離破碎，仍舊能夠漂浮在水面上。所有的縫隙都塗上一種用油和生石灰混合製成的黏著劑，這種材質相當耐用，西方國家或許可以參考採用。他們的船頭總是畫上一雙大眼睛，用以保佑船隻免於觸礁或遇難。他們的桅杆架構在船底，甲板上並沒有索具來支撐，所以據說大部分的海難事件，都是起因於突然升起的暴風（squall）讓笨拙的大帆來不及收下，因而扯斷桅杆所導致的。

漢人船員特別能夠適應船上的航行生活。他們的食物非常簡單，白米飯配上一點鹹魚和醬菜即可解決一餐。他們不需要臥室或其他的

照顧，而這些是歐洲船員的基本要求。他們的工資可能也遠低於歐洲船員的一半。難怪所有外國船隻，只要在中國沿海待上一段時間，必定會裁撤歐洲船員，改僱用漢人船員。

以目前中國有數百萬人投身於沿海的漁業及貿易行業的情況來看，我們有理由相信，如果他們能夠採用歐洲的造船技術和航海術的話，那麼他們在幾年之內，一定可以將所有的外國商船趕出東方水域，而且不久之後，還會將他們的運輸業範圍擴展到大西洋水域。可惜的是，他們對於古老事物及古老方法過於執迷，讓他們無法有效地運用手邊豐富的造船良木，以及每日只要十分錢的廉價勞動力。

中午時分，我們已能夠從甲板上看見安平島及熱蘭遮城了。下午三點左右，我們通過沙洲，降下了帆，船員用長竿將船推靠到海岸旁的停泊處，結束此趟的澎湖群島之旅。

【校註】

下面的路線和大約日期顯示史蒂瑞於本章的旅途，全程請參考書前的彩色圖表：

打狗 ──陸路──→ 舊城 ──陸路──→ 台灣府 ──→ 崗仔林 ──→ 台灣府 ──海路──→
1874/1/1　　　　　1/3　　　　　1/4　　　　1/5-9　　　　1/10

澎湖 ──海路──→ 台灣府 ──→ （打狗）
1/15　　　　　1/26　　　　2月

第六章　探訪傀儡番

再訪生番

　　3月16日，我從打狗出發，打算前往東邊的山區，再次去造訪生番。同行的有巴得先生（Mr. Budd），他是紐約來的年輕小伙子，目前在打狗的一家外商愉快地任職，以及上一次的老搭檔布洛克先生，他準備在中國舊曆新年期間，到山腳邊去獵雉雞。旺仔也隨行，擔任我們的廚子兼翻譯。

　　我們一行人下午很晚才出發，搭一條小船橫過打狗的潟湖，步行了五、六英里（約八、九公里），沿途經過一大片富饒的平坦稻田，來到了圍有城牆的埤頭（Pitao，即今高雄縣鳳山市），當地的基督教堂為我們提供了乾淨舒適的過夜住所。此時，鎮上已經鑼鼓喧天，鞭炮聲此起彼落，漢人發明的所有刺耳聲響全都登場了。現在正是大年夜，隔天就要迎接中國新年了。

　　第二天一大早，我們穿過城門，又看到一片密集耕種的地區。地勢較高的地區，大半都種植甘蔗，現在尚未採收，但較低地區的田地都已引水灌溉，蓄積的田水大約有五、六英寸之深，準備用來種植稻禾。這些田地普遍都翻過了土，上面正有水牛拖著耙子狀的犁，在泥水間來回整地。我們在幾塊田地上，看到已經有農夫在插秧，他們手

腳全趴在田裡，每次以三、四株幼苗爲單位，逐一植入身體下方的泥土裡。

我們大約在距離海岸十到十二英里（約二十公里）處，穿過了下淡水溪（即今高屏溪），它的河床約半英里寬（約八百公尺），上面有多處水道流經，若逢洪水時期，整個河床都會淹滿水。因爲山上已下了點雨，所以部分的水道頗深，不易涉水而過，但是苦力們把我們的大小行李平均分擔，統統頂在頭上，安然地渡到彼岸。我看到幾條大竹筏，裝載著大量的蔗糖，停靠在溪旁的沙洲，準備水位高漲時要運往海岸。我們經過了幾個漢人小村莊，它們相距很近，全都在慶祝新年，所有商店和市場也都關門大吉，所以我們無法買到任何食物。漢人一年到頭都在忙著賺錢，只有這個期間，他們才會暫時忘卻生意。

當我們逐漸接近高山地帶時，經過了一個客家莊。這裡的客家人，就像在福爾摩沙北部所習見的那樣，自然而然地居住在鄰近平埔番及生番的丘陵地帶，而那些比較安全、肥沃的沿海平原則居住著河洛人。我們在離高山只剩兩、三英里（約四、五公里）的地方，遇見了平埔番的村莊。就穿著打扮來看，這裡的平埔番跟他們北方幾英里外的弟兄有些不同。此地的婦女不纏頭巾，而是戴著竹製的大斗笠，斗笠四周垂掛著玻璃碎片和金色的飾物。男人的穿著看起來就像是貧窮的漢人，也像漢人那樣剃頭留辮子。他們跟其他地方的平埔番一樣，都被漢人推擠到鄰近生番的貧瘠地帶，但相較於北邊的平埔番，這裡的平埔番似乎被漢人感染到更多節儉及愛錢的習性。他們當中有許多天主教徒，很多婦女的頸上都掛著十字架的項鍊。

萬金庄

　　我們原本打算以萬金庄（Bankimseng，即今屏東縣萬巒鄉萬金）的天主教堂做為據點，沒想到抵達該處時，卻發現那裡已住進了幾位英國砲艦的官員（他們的砲艦當時停靠在打狗），以及一位來自廈門的海關官員。原來這些官員是跑來山區獵雉雞的，他們佔用了所有的房間和床鋪，並像平常那樣地喧鬧著，毫無顧忌。駐堂神父屬於西班牙的道明會，他的身材矮小，試著用手勢和鬼臉來表達他的歡迎之意，並忙著替所有不速之客找到房間。當我出示介紹函給他時，他顯得非常高興，終於找到一個能說西班牙語的人。他向我做的第一個請求，就是請我讓這些住進的官員們知道他的善意，並以真正的西班牙作風，取出一切來款待這些訪客。

　　西班牙道明會在福爾摩沙的宣教活動，大約進行了十年之久，大多數的天主教信徒都是漢人，此地是他們在平埔番當中的唯一駐點，擁有數百個信徒。天主教的海外宣教方式，跟新教很不相同，至少就福爾摩沙來看是這樣 ❶。通常天主教的傳教士會寧靜地待在教堂及宗教組織內，將外面的庶務交給漢人助理去打點。相對的，新教的傳教士則是風塵僕僕地不停奔波，在全島各村莊間四處傳教。

註
1. 譯按：天主教（Catholic）也稱為大公教會，是從第四世紀羅馬帝國的皇帝設立為國教之後，統治西方世界長達一千四百年之久的宗教政治團體。新教（Protestants）則是十六世紀因不滿大公教會的濫權腐敗而起來改革，並從大公教會分離出來的各基督教團體。

● 萬金庄的當地居民

【2009/8/18引自http://academic.reed.edu/formosa/gallery/image_pages/IIe/IIe-BKCNaturels_S.html】

生番趕集

　　萬金庄的平埔番跟山上的生番，每三天就會有一次以物易物的交易市場。因為交易的頻繁，加上平埔番習慣從生番那邊買年輕女子來當妻子，所以平埔番多少都會講生番的語言。

　　萬金庄的平埔番告訴我們，進入生番的地盤進行查訪是相當危險的行為。他們或許是藉著強調其危險性，用以抬高引導我們入山的報酬也說不定。總之，我們經過一番討價還價的結果，有四位通曉生番方言，據說跟生番交好的平埔番，願意出馬來擔任我們的嚮導。

　　交易日一大早，旺仔就來跟我要錢，他曾經陪同李仙得將軍訪問過那個生番部落，他跟我說，除非我們事先買些米酒（samsu）當做禮

物，否則別想入山拜訪他們。旺仔買了大約一加侖（約四公升）味道難聞的漢人烈酒，其酒精濃度大約跟白蘭地差不多，然後加入許多水，直到滿滿的一大桶爲止。他說酒不能太烈，否則會讓他們喝得爛醉。之後他再加入薑和其他調味料，攪拌一下就大功告成了。

爲了與生番交易，平埔番村莊裡進行了相當多的準備工作。正式交易前一小時，約有二十輛的水牛車，開始吱吱嘎嘎地往北邊的交易地點前進，每一輛均由兩頭水牛拖曳，通常是由婦女來駕駛，男人則帶著長矛和火繩槍，徒步在旁保護車隊。這群駕駛牛車的婦女當中，有很多人從臉上的刺青圖案，以及頭上所裝飾的花環和藤蔓，就能看出她們是平埔番所買來的生番老婆。

交易地點大約在三、四英里（約五、六公里）之外，沿途天氣炎熱，灰塵漫天飛揚，水牛拖著貨車，吃力地緩慢爬坡。大約十點左右，我們進入了高山，來到一處兩側皆有岩石峭壁的狹窄山谷，前面那塊寬廣的平地就是交易的所在，因爲經常有人群聚集，地面上的草皮已被踏禿。婦女將水牛的軛卸下，正在一旁餵草，我們則在外突的岩石陰影下乘涼，等待生番的到來。廈門海關辦事處的休士先生（Mr. Hughes），以及幾位英國官員，當時正在山丘間獵雉雞，他們特地趕來這裡跟我們道別，同時也想一睹生番的模樣。因此，現在約有八到十個白種人，加上五、六十個平埔番聚集在此。

過了中午之後，我們終於看到山上有幾個生番，帶著長矛，沿著一條小徑走了下來。他們先來刺探軍情，看看是否有變卦或欺詐，之後再回頭帶來三、四十個生番，全都揹負著一捆捆的草和木頭。幾個生番和同樣數目的平埔番，站在交易場所的中央，彼此面對面，並舉起手中的長矛。我發現，唯有做出這個動作之後，雙方才會開始進

行交易，而且，一旦他們將舉起的長矛放下，雙方的交易便告終止了，所以這個動作對他們來說，一定具有什麼重要意義❷。生番除了草和木頭之外，並沒有其他東西可供交換，而平埔番則帶來了蘭姆酒（rum）、鹽和布料。交易的過程主要是由婦女來進行，雙方的婦女不斷地交談著，有時嗓門很大，聲音相當高亢。

交易的時間很短，平埔番把他們帶來的一點東西交給生番後，就把換來的草和木頭裝上水牛車，準備運到鎮上。之後雙方的長矛就放下，為當日的交易劃上句點。但我們打算入山拜訪生番一事，就沒那麼好安排了。生番們不知道是出於恐懼，或是打算敲詐我們一筆，猶疑不決地推說，他們剛剛播種小米，恐怕帶我們進去會使陽光變烈，將這些幼苗全部燒死。我則堅決地向他們保證，我們的到訪，只會有益於穀物的成長，絕不會損害到穀物。接著，我裁下兩塊紅色的布料，準備送給我們要前去拜訪的那兩個生番部落的酋長，還裁了兩塊比較小的布料，用來送給那兩個地位次於酋長的頭人。最後，我還請他們嚐一下我們所帶來的大桶烈酒。經過上述的種種努力，他們終於同意帶領我們上山。於是我們的行李改由生番們來扛，跟平埔番的朋友們道別之後，就跟著生番上山去了。

前往生番部落

不久，我們就遇到了一條不小的溪流，這條溪流在流經山谷口之前就完全消失了。當我們準備要涉過這條溪流時，那些幫我們扛行李

註
2. 譯按：大家彼此看看是要和平交易呢？還是要用武力來解決貨物的歸屬？

的生番突然把行李丟在地上，表示要再付給他們酬勞，才願意繼續往前走。我認為之前給他們的酬勞，已足夠支付全程的薪資，但既然他們認為不夠，我就想好吧，這或許是個公平的主張，於是打開某個行李，剪下了幾碼（一碼將近一公尺）中國製的細棉布料給他們。但他們覺得這樣還不夠，想要索求更多，這可把我惹火了。於是我告訴旺仔說，我要收回原先給他們的紅色布料，然後打道回府，否則他們勢必會把我的東西全部敲詐光不可。一塊紅色布料還放在隊伍裡，旺仔就走過去，把它從生番的籃子裡取過來，放在我們的行李袋中。當我們向他們要回另一塊紅色布料時，他們說它已經送回部落，而且拒絕交回。我不想被他們這樣白白搶劫，心想，如果他們膽敢發動攻擊，這裡還不是他們可以完全控制的勢力範圍。我也瞭解絕不可以示弱或膽怯，否則軟土深掘，只會陷入更危險的境況。於是我悄悄地扳起扳機，站到生番隊伍的首領旁邊，他是唯一攜帶火繩槍的人。我趁他防備不及之際，一下子就把他手中的槍枝搶過來。看到這一幕，其餘的五、六個生番立刻拿著矛圍上來，觀察後續的發展。我透過旺仔向他們說，只要他們歸還我另一塊紅色布料，我就會把槍枝還給他們。於是他們立刻派一個生番跑到山上，半小時之後，就拿了另一塊布料放在我的腳下，我便把槍枝歸還原主。

平埔番嚮導拿起行李，我們一行人開始往後走，準備下山走回平原。生番們眼看我們真的要走了，他們就跟了過來。此時，隊伍中的首領向我走來，他把一隻手臂搭在我的肩膀上，另一隻手指向高山上的部落，示意邀請我們上山。他們既然表示善意，我們也就不再堅持返回了。

我們沿著溪流走了半英里多，經常得涉水而過，然後開始攀爬岸

邊的山丘，在比人還高的雜草灌木間穿梭前進。當我們往上攀爬時，周圍的灌木變得越來越矮，周圍的景觀變得一覽無遺。這一大片的山區只剩下雜草和灌木，已經完全看不到樹林了。生番當初把上面的樹木砍掉，可能是要賣給漢人和平埔番，同時也爲了開墾土地，在上面耕種，如今每年例行性的火燒雜草，已抑制了樹木的生長❸。東邊幾英里之外，在比我們所在位置高出幾百英尺的山頂上，可以看到一片原始森林，看來似乎是松樹林。山坡間，處處可見高大的芒果樹，此時正值開花時期，上面有很多蜜蜂在飛舞。不久，我們看見了一些小型的耕種地，跟北邊生番的梯形地差不多，都是一排排的梯田，用雜草和些許的板岩來護住土壤和作物，以避免下雨時被沖洗掉。有些田地正在準備播種事宜，有些則已經種植好了。他們的農具多半是掘棒，有些還套上鐵器。以此地的陡峭地形來說，這種簡單的農具正好方便生番耕作之用。

　　我們經過兩個小時的攀爬後，往下一看，一路爬上來的那面山坡幾乎已呈垂直狀。前方的小徑被一面粗陋的牆垣阻擋著，我們藉著一

註

3. 原註：世界各地野蠻民族的耕種方式，似乎有共同之處，那就是儘可能地砍伐樹林，放在原地任其乾燥，然後在乾燥的木材上點火，以這種方式燃燒底下的土壤。這樣一來，他們無須花費什麼心力，就可以在上面種植一次作物。他們有時還會種植第二次，但收成通常不好，因為這時樹木的幼苗已經抽長。野蠻民族便會另尋他地，遺棄原先的土地，不久後那裡會再度長滿樹林。

　　這種火耕方式，可能正是世界各地許多草原的生成原因。如果人口過多，必須頻繁地砍伐森林，那麼土壤可能變得貧瘠，在殘幹間吐芽的樹木幼苗無法茁壯，最後只有任由雜草叢生，再加上每年一度的火耕，原先的森林逐變為一片空曠的平原了。

道梯子爬了過去，危險時，這道梯子就可以收起來。我們越過這面牆，看到了第一個部落，它蓋在陡峭的山上，遮蔽在竹林和其他樹木之間。當我們走進部落時，先經過一塊小田地，上面有個老人站立著，高舉雙手，雙眼朝天，似乎是在向上天祈求。他或許是在祈求上天保佑剛剛播種的田地，也可能是在驅除我們這些外人所帶進的邪氣。在我們視線所及之內，那老人就像一座雕像，始終不動如山地站在原地。

　　穀倉是部落內最引人注目的建築，那是一種用木棍支撐起來的圓形小建築，離地約幾英尺，屋頂和四周牆壁都鋪蓋著樹皮和乾草。居民的住屋是一種長方形的低矮建築，由石板所建成，屋頂覆蓋著石板，門窗也是用厚石板蓋成的。他們將房屋的地基鑲嵌進山坡裡，屋頂的傾斜方向全都與山坡一致，所以站在稍遠一點的地方，就看不見

● 排灣族佳平社頭目屋宅，左為住家，右邊的茅屋為穀倉【引自《生番行腳》】

這些屋子。屋頂除了有粗大的樑柱支撐外，也有隔間用的牆壁支撐著。

禁忌

　　我們到達的時候，發現所有的生番都坐在各自家門口前的那塊小鋪石地上，而屋門是關著的。據說他們已好幾天沒進屋子了，這可能是因為與新年有關的迷信，也可能是與種植季節有關的迷信，我覺得後者比較有可能。我們被引導到酋長的屋子前，他正蹲在門口抽煙，身穿一件豹皮大衣，那是他地位的象徵。雖然我已經送給酋長一塊紅色布料，但他並沒有特別親切地招呼我們。此時，所有生番似乎都屈服在他們的禁忌之下。這項迷信的一個後果就是，在這段期間內，他們絕不可以把身上的任何東西贈送或販賣給我們，我們也不可以取走他們領域內的任何東西。他們認為如果這麼做，乃是犯了大忌，必會觸怒邪靈。有趣的是，這項迷信並沒有禁止他們接受我們所送的禮物。換句話說，他們在這段期間，只能接受而不能給予。舉例來說，有一位跟隨我們的平埔番想要抽煙，他就去向正在抽煙的生番借火，結果旁邊一個老生番立刻大吼：「禁忌！」（parisi!）於是那根火柴立刻被丟掉。我們只好費力地搜尋火柴來讓夥伴抽菸❹。

註

4. 譯按：原住民以前抽的香菸並不是現代經過包裝的紙煙，而是用他們自製的煙斗以及自己生產的煙草，而火柴也是用曬乾的小樹枝來點燃的，因此才需要借火。值得一提的是，本書作者史蒂瑞先生本人並不抽煙，整本書中，他只提到別人抽煙的情節。如果他抽煙，那麼他的平埔番隨行人員就不必向生番借火了。

　　幸好我們自備了糧食，旺仔於是趕緊去準備晚餐。生番們在一旁愁眉苦臉地望著，顯然他們正在禁食當中。夜晚即將來臨，似乎將下起雨來，我們決定像之前在北邊那樣，在某間穀倉底下露宿過夜。但生番向我們指出一間小茅屋，說我們可以先在那裡暫住，等到午夜一過，邪靈的陰影離開他們後，我們就可以和他們一起進入石板屋了。巴得先生和我，因為爬山折騰了一整天，實在是疲憊不堪，所以決定留在茅屋裡睡覺，旺仔和平埔番們則跟著生番們守齋到半夜。

　　雖然禁忌的迷信禁止生番們賣任何東西給我們，或者贈送我們任何東西，然而這項禁忌似乎並沒有阻止他們賣身。我們到達後不久，就有三個年輕的姑娘，穿著漂亮的繡花裙子，頭上戴著藤蔓編織的花環，在酋長屋子前面的小平台上載歌載舞。我們起初以為，那是在歡

● 盛裝的排灣族少女【引自《台灣懷舊》】

迎我們的，但是旺仔告訴我們，她們是賣身的，每一位姑娘只要十個銀元就賣。這裡似乎仍沿襲著某種部落習俗，允許酋長以這種方式來安排部分未婚女性的身體。當我們跑去睡覺後，這些女孩繼續在小茅屋外唱歌跳舞。

大約半夜十二點左右，我們被滲透進屋頂的雨水所吵醒，那些水滴直接打在我們的臉上。不久之後，有幾個平埔番的隨行人員進來告訴我們，禁忌解除了，生番們已經進去屋子裡。當我們起身後，發現生番正在喝著我們所帶來的蘭姆酒，一面喝酒，一面唱歌跳舞，似乎要通宵達旦的樣子，所以我們還是繼續留在小屋內休息。

但我們接下來幾乎未曾入眠，為了閃避從屋頂滲透下來的小水流，整夜翻來覆去。我們在輾轉難眠之際，自然而然地聽到了外頭生番們的歌聲。女生開始唱著「安安阿，安安阿」（an-an-a, an-an-a）等音節，開始的時候音階較低，然後音階逐漸拉高，音量也相對加強，一直到氣盡，突然吸一大口氣後停止。稍後，換成男生以同樣的方式重複著「安安阿，安安阿」的音節。他們就這樣一直唱到天亮，當中並沒有太多的變化。雨終於停了，生番們的心情看來也變好了。當我們要進入石板屋時，必須低頭彎腰屈膝才有辦法進去，但我們發現，屋子裡相當乾淨舒適，地板是以厚石板鋪成的，四周都鋪設著平台，放置了許多墊子，供睡覺或座位之用。我們也發現，屋子內有很多蜜蜂，原來蜜蜂就築巢在平台之下，似乎每一間房屋內都有許多蜂群。

雖然禁忌在某種程度上已經解除了，但邪靈的陰影，依舊嚴重地阻礙我購買生番的服裝、武器及其他東西的計畫。我原本想用布料來換取一隻木刻的煙斗，那隻煙斗的主人也很想跟我交易，但站在一旁的某個生番卻突然喊出「禁忌」的恐怖咒詛語。這個咒語所帶來的恐

懼感實在很大，每一次均能阻止生番的交易行為，不管他們內心是多麼渴望這種交易。

上探更大的部落

　　從此處再往上約一英里（約一點六公里）的地方，有一個大得多的生番部落，我很想要前去拜訪，但這裡的生番拒絕當我們的嚮導，隨同我們前來的平埔番們也不敢跟隨。於是，巴得先生和我及旺仔，最後決定自行前往，往我們所知的方向走去。我們出發後不久，就有一個生番尾隨而來，表示願意擔任我們的嚮導，以賺取我之前答應過的那塊布料報酬。

　　我們沿途經過好幾塊田地，看到生番們正在播種穀類作物，或者是在做整地的工作。我發現那些在田裡工作的，大都是老人家。有一個老人同意讓我們靠近，我發現他的手指頭已經角質硬化，並像動物爪子般地彎曲。當我們走近田地時，大部分的耕作者都跑掉了。道路旁的一處田地上，原先有幾個人在耕作，當他們驚慌失措地跑走時，就把農具丟在田裡。我走過去，拿起一把套上鐵器的掘棒來檢視。這時，他們忽然跑回來，大聲地向我怒吼「禁忌」，並把掘棒從我的手中搶回去。

　　沿途，我們橫越了一個深谷，裡面有很多蕨類植物，以及其他的樹木和蔓藤植物。這時，我藉故離開了隊伍，獨自進入樹林中，在樹葉間發現了許多種陸貝。當我彎著腰收集這些標本的時候，有一個年輕的生番突然現身，對著我大喊「禁忌」，還想搶走我已經收集的標本，但自知力氣比不過我，才不得不作罷。但他的喊叫聲的確令我困擾不已，於是我就停止採集工作，只帶了嘴裡和口袋中的少數標本，

● 山中深谷【2009/8/18引自http://academic.reed.edu/formosa/gallery/image_pages/Thomson/Gorge_S.html】

就回到我們的隊伍。沿途上，當我試著要採集一些生長在路旁岩石下的蕨類植物時，又聽到了那句老咒語「禁忌」的喊叫聲。

第二個部落（更正確的說法，是一堆部落）跟第一個比較起來，可說是大同小異，僅僅是房屋和住民的數目多了許多。這個部落大約有一千人，而第一個部落最多不超過兩百人。這兩個部落據說屬於同一族群（即排灣族），他們正在跟東邊山上的生番打仗，同時也與南邊山上的生番為敵，彼此之間隔著我們方才穿越的那個深谷。

從此處，我們可以看到東邊有一長串的山脊，據說過了那些山脊，只要幾英里之遙，就可以望見太平洋。然而，我們的人數只有寥寥幾個，沒有嚮導和通譯人員來指引途徑，又無法確保能得到途中所

●排灣族頭目屋內的雕刻【引自《台灣回想》】

● 排灣族的簷桁雕刻【引自《台灣回想》】

經部落的友善接待，這些考量讓我們不敢貿然前往。東海岸和太平洋雖在攀過山脊的不遠之處，我們卻只能在此折返。

　　我們進入酋長的屋內，他顯然是前一個部落酋長的頂頭上司，我們姑且叫他為大酋長。大酋長房屋的屋頂，是以精心雕刻的樑木來支撐，這是我頭一次在這些生番間，看到美化建築的例子。整個屋子擺滿了戰利品，其中有些東西是從漢人手中搶來的。有根樑柱上掛著好幾把漢人農耕時常用的鐵耙子，我們不難想像這些生番突襲手無寸鐵的漢人，以及他們帶著鐵耙子、水牛及漢人的頭顱急忙撤退的情景，只有遺留在地上的無頭屍體說明著這一切。引起我們更大興趣的，是屋子裡所擺設的另一些戰利品，其中包括一支魚叉、一條粗繩子加上

一條很大的鐵鍊,這些東西看來是從在海岸遇難的歐美船隻處搶奪來的。

我們進到大酋長的屋子之後,坐在鋪著石板的地上,有幾個生番婦女正在旁邊編織揹袋或床墊。大酋長叫其中一位婦女端來一道水煮芋頭根招待我們❺,這大概是我們停留在這個族群期間,唯一受到的友善對待吧!旺仔知道,我對他們獵取人頭的習俗有興趣,於是詢問他們這方面的事情。他們就展示了幾個放在牆龕裡的頭顱給我們看,也帶著我們到隔壁的小茅屋參觀。這間小茅屋的地上鋪著一張張的小床墊,在一個角落裡擺著一堆頭顱,小床墊是給十到十五歲的男孩睡覺用的,旁邊的頭顱可能是用來訓練這些男孩,讓他們從小就培養勇氣,立志獵取敵人的頭顱。婆羅洲的迪雅克族也有類似的習俗,當地的年輕男孩從小就住在寺廟裡,和敵人的頭顱睡在一塊。

我在這個部落裡所看到的頭顱,都已歷經風霜而變成白骨,看來這裡的生番幾乎不再獵取人頭了。一方面,他們相當需要和山下那些較開化的平埔番進行交易,所以他們或許認為,終止出草較符合他們自己的利益。另一方面,他們人數上的劣勢,或許也與停止出草習俗有關。

我幾乎看不到狩獵的跡象,他們在糧食上似乎相當依賴於田裡所生產的穀類。就這一點來看,他們跟北邊的生番有很大的不同。

根據我所記錄的許多單字詞彙,他們跟平埔番及北邊的生番一樣,都屬於馬來語族。

註

5. 原註:他們的菜餚通常裝在木頭鑿成的盒子裡,比較講究的,則裝在用藤條編成的籃子裡。

他們的身材非常矮小，平均身高不到五英尺（約一百五十公分）。因為跟平埔番往來的結果，他們的服裝發生了很大的改變。他們通常穿著漢人的粗布衣服，不過和北邊的生番一樣，也會穿動物皮毛和蓴麻編織的衣服。他們的臉部並沒有刺青，但是女性的手背有交叉的寬橫條刺青，手指的關節處也有交叉的刺青，並在手指的下半部刺上兩條細線。男人的雙手（背面）和手臂，一直延伸到胸部都有刺青。在荷蘭佔領時期，有幾位歷史學家曾提及，這個族群喜歡在頭上裝飾藤蔓編織而成的花環，至今，在女性身上仍普遍可見這個習俗，而且很多男性也採取這種裝飾方式。

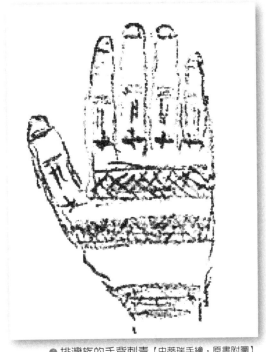

● 排灣族的手背刺青【史蒂瑞手繪，原書附圖】

返回廈門

我們看了那座長滿松樹的山脈——它把我們跟太平洋隔開——最後一眼後，就回到放置行李的部落，在當晚即匆匆打包返回平地。我們回程途中經過小溪時，看到上面有些生番男孩正用某種新奇的方式在釣魚抓蝦。小溪上佈滿了巨石，這些男孩將一張裡面有幾個網袋的圓形網子放置在一塊巨石附近，然後他們就用一根棍子將巨石稍微抬

起，巨石底下的小魚和小蝦便紛紛地跑進網子裡。他們所捕到的，盡是些小魚小蝦，普通的小男童根本不屑一顧，但他們卻小心翼翼地保存著，由此可見他們缺乏肉食之一斑。

我們回到萬金庄天主教的宣教區時，已經是禮拜六的晚上，幾乎所有來打雉雞的獵人們都回到西海岸去了。我們隔天在此停留，因此有機會觀察一下當地的天主教徒。他們顯然知道我是個異教徒，所以對待我的態度就不像北邊的基督徒那麼熱絡了。

那位西班牙籍的神父似乎認為，他有責任告知我，我正在走向地獄（In ferno）之路，除非我能回過頭，重新投入大公教會（Mother Church）的懷抱，否則難免受到地獄之災。我們花了很多時間討論天主教和基督教之間的教義問題，也以這類討論的通常結果來結束。

有兩幅懸掛在天主堂牆上的巨大彩色版畫，讓我感到印象深刻。其中一幅描繪義人之死，另一幅則描繪惡人之死，它們顯然是用於教示漢人社會的。在第一幅畫中，有一位漢人平靜地躺在床上，他那纏小腳的老婆及兒女們都圍繞在床邊，一位著長袍的神父正在為他做最後的彌留儀式。屋頂已經打開，天使們從天而降，準備迎接他到天堂去。一旁長著叉尾、口冒火煙的魔鬼遭到天使劈頭電擊，嚇得要從地板遁逃。在另一幅畫中，有一張賭博的桌子，上面擺著一具鴉片煙管，旁邊的病床上則蜷伏著一個將死之人，他的頸部被鎖上鐵鍊，魔鬼拉著鐵鍊，要將他拖下無底的火海深淵，另一個魔鬼則在旁邊拿著三叉矛催促他快走，此時房間已是火海一片。福爾摩沙上的天主教道明會是廈門道明會的分會，而後者則是菲律賓天主教道明會的分支。

我在禮拜一早上回到打狗，然後搭乘第一班的「海龍號」，回到了廈門和香港。

【校註】

下面的路線和大約日期顯示史蒂瑞於本章的旅途，全程請參考書前的彩色圖表：

打狗 ⟶ 萬金庄 ⟶ 傀儡番 ⟶ 萬金庄 ⟶ 打狗
1874/3/16　　3/17　　　3/18-21　　　3/21-22　　3/23-31

⟶ 廈門 ⟶ 廣州 ⟶ 香港
　　4/1　　　4/10　　5/1

第二部

福爾摩沙面面觀

第一章　福爾摩沙的過去：
　　　從撒瑪納札到貝尼奧斯基

撒瑪納札

十七世紀[1]初葉，歐洲出現一個自稱為撒瑪納札（Psalmanazar）的傢伙，他說自己是來自福爾摩沙的原住民。他對福爾摩沙島上的住民和法律，做了一番奇異的描述，他所提供的語言迷惑了當時的博學之士。他說他已改信基督教，並把主禱文（the Lord's prayer）[2]、要理問答（catechism）及其他的基督教教義翻譯成福爾摩沙語。

● 撒馬納札【引自《福爾摩沙變形記》】

註
1. 校註：作者原稿寫的是seventeenth century，實際上是1704年出版，應作十八世紀。下一節提到「大約同一個時期」，荷蘭人成立東印度公司，可見作者把Psalmanazar的年代弄錯了。
2. 譯按：參考新約聖經路加福音書第十一章第二到第四節。

那時歐洲沒有人知道福爾摩沙島的任何事情，而且撒瑪納札相當精明狡猾，足以欺騙當時的學者專家，沒有人敢說他的東西是虛構的。最後還是他自己承認，他所說的東西是假的，並宣稱自覺慚愧，所以不願透露他是哪一國哪一個地方的人，但一般咸認他是個法國人。後來他在倫敦住了許多年，靠抄寫文件維生。說也奇怪，儘管他自己承認他筆下的福爾摩沙是僞造的，但多年以來，他的描述卻一直被視爲可靠的資料。

荷蘭佔領

大約同一個時期，海上群雄爭霸之下，世界各國對這個美麗的島嶼有了比較正確的知識。十七世紀初葉，荷蘭人在東方設立了「東印度公司」（East India Company），其目的是想在東方設立商業據點，以利殖民地的開拓。透過東印度公司，荷蘭人很快就威脅到他們的老對手西班牙人和葡萄牙人，尤其是在中國和印度沿海的貿易方面。

當時的國際商船總是武裝的，既是商船，又是軍艦，也可能是海盜船，視情況而定，不一而足。當那些互相競爭的國家的船隻在海上相遇時，十之八九會引起一番衝突。

荷蘭人在爪哇建立穩固的地盤後，就開始沿著中國沿海向北拓展，企圖在中華帝國的邊境，找尋有利的位置來建立商業據點。1622年，他們出動龐大的艦隊攻擊澳門（Macao）——位於廣東省珠江口的葡萄牙殖民地，但屢攻不下，於是暫時退守到位於福爾摩沙與中國大陸之間的澎湖群島，並在澎湖島（Ponghou）——澎湖群島中的最大島嶼——建立了要塞。荷蘭人的這些舉動，帶給附近的中國漁民極爲深刻的印象。不久，在中國東南沿海從事貿易的西班牙人、葡萄牙

● 承平時期的熱蘭遮城與大員市鎮【引自《製作福爾摩沙》】

人,也像中國人那樣,對荷蘭人的一舉一動提高了警覺。中國政府派
出官員跟荷蘭人協商,後來願意讓荷蘭人在福爾摩沙島居留,但是他
們必須放棄澎湖群島。中國政府當時對福爾摩沙島似乎並沒有真正的
管轄權,但荷蘭人還是一口答應這個條件,並且立刻離開澎湖群島。

　　1624年,荷蘭人在現在稱作安平的地方設置了要塞。安平位於
台灣府的前哨位置,台灣府是福爾摩沙的首府 ❸。安平當時還是個小
島,之後則漸漸地與福爾摩沙本島連結在一塊。荷蘭人發現安平港是
個不錯的港口,雖然當時的水深就已不太夠。他們在安平小島上興建
了一座大型要塞,並在港口內側的福爾摩沙本島上,建立另一座較小
型的要塞。他們也趕走了當時在福爾摩沙北端的淡水和基隆活動的西
班牙人,並在上面設有商港和駐防。

註
3. 譯按:作者寫作當時是1878年。

當時的福爾摩沙已為漢人和日本人所知悉，並有少數的漢人和日本人居住在島上的西海岸，但這時，島上的主人仍然是原住民。這些居住在西海岸平地的原住民，似乎是一個非常純真、簡單的種族，雖然他們的語言和習俗類似於爪哇和菲律賓的原住民，卻不像後者那麼好戰。荷蘭人發覺這些原住民極易馴服，於是立即向原住民部落引進荷蘭的文明和宗教。只要是情況許可，荷蘭的官員就會跟各部落的酋長商討部落裡的大小事情，正如現在某些荷屬摩鹿加群島（Moluccas）的情形那樣。而且，任何地方只要找到立足點，他們就會立即派遣傳教士和教師前往。荷蘭的殖民統治者也跟原住民通婚，因此兩個種族之間的聯繫變得更為緊密。在整個荷蘭統治福爾摩沙的期間，並沒有記載彼此之間的任何摩擦事件。那些荷蘭的傳教士和教師都是充滿熱誠的人，因而在荷蘭人被驅逐時，島上改信基督教的原住民人數，據估計已經達兩萬人之多。

荷蘭人跟福爾摩沙原住民的相處固然融洽，但他們最初的目的（即與中國進行貿易）卻斬獲不大，這或許是因為福爾摩沙跟中國大陸的東南沿海之間仍有一段距離，也可能是因為福爾摩沙缺乏優良的港口所致。

國姓爺

十七世紀的中國發生了滿州韃靼人入侵，並建立清朝的大動亂，因而迫使許多難民逃到福爾摩沙來謀生，尤其是福爾摩沙對面的福建人。荷蘭人起先很歡迎這些漢人，因為他們很勤勞，但當漢人的移民人數日益增加時，荷蘭人開始變得無法掌控整個局面，也無法阻擋這波移民潮的趨勢了。

● 畫家筆下的國姓爺
　【引自《The Island of Formosa: Past and Present》】

　　1650年時，佔領福爾摩沙的荷蘭人開始瞭解到，中國的大海盜國姓爺是個危險人物。國姓爺當時的總部，位於中國沿海的廈門和金門，在那裡擁有強大的武裝人員及戰艦。這位著名的海盜首領，一方面是個道地的海盜，另一方面也是個愛國者❹。他會突然率領船隻，登陸沿海一帶歸順清朝的中國城鎮，然後大肆掠奪一番，或設法取得大筆的贖金，得手之後就立刻撤退到海上。據說有一位清朝皇帝，因為無法在海上跟國姓爺纏鬥，又不堪其騷擾，因此頒佈命令，要求將東南沿海十英里（十六公里）之內的城鎮全部棄置，居民須集體內遷。因此有好些年，這些東南沿海的地區，變為一片被遺棄的荒域。

註
4. 譯按：鄭成功效忠明朝，他曾被冊封並被賜予明朝開國君王朱元璋的國姓「朱」，因而被尊稱為國姓爺。

　　荷蘭人發現，國姓爺和福爾摩沙上的漢人移民之間有所聯繫。原先漢人移民與荷蘭統治者之間的友善關係，已因後者的殘酷對待和沉重稅賦而消失殆盡了。因此荷蘭人派了一個使者去跟國姓爺交涉，想知道國姓爺對福爾摩沙島的企圖，是要以武力來解決？或者彼此可以和平地相處？國姓爺當時很禮貌地表示，他毫無攻擊荷蘭人的意圖，並用其他理由來搪塞其軍備行動。

　　1660年時，荷蘭在福爾摩沙的武裝人員有一千五百人，但他們駐福爾摩沙的揆一總督（governor Coyett），仍憂慮國姓爺對福爾摩沙的野心。於是巴達維亞（Batavia，印尼首都雅加達（Jakarta）的舊稱）方面派出一支大艦隊，並下達如下的指示：如果福爾摩沙沒有危險，就轉而攻擊澳門。結果這支荷蘭艦隊途中被暴風雨吹散，潰不成軍，因而無功而返。艦隊司令回到巴達維亞之後，控告福爾摩沙的揆一總督誤判情勢，當地根本就沒有什麼危險。於是巴達維亞評議會就把揆一免職，同時派遣柯連克（Clenk）來取代揆一的職位。

荷蘭敗北及撤退

　　荷蘭的援助艦隊一離開福爾摩沙，知悉一切詳情的國姓爺就立即召集最精銳的部隊兩萬五千人，武裝一隻強大的艦隊航向福爾摩沙，開始圍攻荷蘭在福爾摩沙最強大的堡壘——熱蘭遮城（fort Zelandia，即今台南安平古堡），並進行登陸作戰。國姓爺的一切行動，都獲得了福爾摩沙上漢人的協助。國姓爺佔領了有利的位置，切斷荷蘭人各城堡之間的交通。荷蘭人派出一支特遣軍，想要驅逐國姓爺，但遭到擊敗。國姓爺同時在安平港燒毀了一條荷蘭的船隻，迫使其餘的船隻逃回巴達維亞。荷蘭人這時發現，位於福爾摩沙本島上的普羅民遮城

● 鄭荷兩軍交戰圖【引自《製作福爾摩沙》】

（fort Provence，即今台南赤崁樓）難以防守，於是把普羅民遮城燒掉，全軍撤退進入熱蘭遮城。漢人這時搬出了大砲，想藉圍攻一舉拿下熱蘭遮城，但遭到荷蘭人奮死抵抗而未果。漢人惱羞成怒之下，怪罪到城堡外頭的原住民和荷蘭人身上，就把當中的男人砍頭，並瓜分了他們的妻女。誠如老作家尼煙惑夫（Nienhoff）所說的：「如果是落入未婚男子之手，那麼她還算是幸運，至少不會遭受醋勁大發的漢人妻子的折磨。」 ❺

> 註
> 5. 原註：請參見《中國導覽》（*Atlas Chinesis*），卷11。

尼煙惑夫也提到一位荷蘭傳教士的故事：

在當地村落所捕獲的荷籍囚犯中，有一位名叫漢堡（Hambrock）
的牧師。他被國姓爺指派前去招降，要求揆一長官棄守堡壘，否則將
對荷蘭籍囚犯施以報復。他被迫留下妻小當人質，隻身進入城堡談
判，情勢很清楚，他一旦交涉失敗，絕對必死無疑。然而，他非但沒
有勸告守軍投降，反而鼓勵他們要抱持希望，英勇抵禦，並且告訴他
們，國姓爺已折損了許多優良的戰艦和軍隊，對於攻城戰也日感疲
憊。當他說完後，軍事委員會（Council of War）讓他自己決定，要留
下或歸營，顯而易見地，歸營只有死路一條。眾人懇求他留下，城堡

● 揮別女兒的漢堡牧師【引自《製作福爾摩沙》】

內有他的兩個女兒，她們在旁緊擁著他，眼見她們的父親即將前赴一個必遭殘酷的敵人處死的地方，不禁悲從中來，滿是淚水。他向女兒們解釋，他的妻子與其他兩個孩子仍在敵營中當人質，倘若他不歸營的話，他們就會死。因此，他掙脫了女兒的擁抱，激勵在場的大家要奮勇抵抗，接著就離去了。在臨別的最後，他告訴在場的人，他希望自己的歸營，對其他被囚禁的同胞有所幫助。當他回到營中，國姓爺臉色鐵青地聽完他的回訊之後，故意放出謠言，說這些囚犯煽動福爾摩沙原住民起身反抗。因此國姓爺便下令處死所有的荷蘭籍囚犯，共計有五百人受害。他們屍體上的衣物被剝得精光，五、六十個屍體被埋在同一個坑洞裡。

　　福爾摩沙的原住民族拿起了武器，想要助荷蘭人──他們的老朋友和老長官──一臂之力，但是效果不彰。不過，在他們的村落之間，可能庇護了很多荷蘭難民。那些逃亡到福爾摩沙內陸的荷蘭難民，在原住民之間維繫了某種文字和基督教的傳承，時間長達一百多年。現在在平埔番間所發現的古代文書，似乎正是荷蘭人留給福爾摩沙文化遺產的證據❻。

　　巴達維亞評議會派出新任命的福爾摩沙總督柯連克後不久，就收到從福爾摩沙逃回巴達維亞的荷蘭船所帶回的消息：國姓爺攻擊福爾摩沙了！於是巴達維亞評議會立即取消將揆一解職的決定，並派出十艘戰船及武裝部隊馳援福爾摩沙。新任總督柯連克先行抵達福爾摩沙

註

6. 原註：參見第一部第五章，關於以羅馬字母書寫的古代文書。

時，發現原本富庶而安定的地區，竟變為激烈的圍城戰場，所以他還沒有登陸就匆匆離開了。

　　當巴達維亞的救援部隊抵達福爾摩沙時，他們只能先採取防禦的措施。他們撤了淡水和基隆的駐防，並把婦女和小孩送到巴達維亞，以策安全。

　　國姓爺發現荷蘭的強大救援部隊來勢洶洶，於是他暫時解除了圍城行動，避開鋒頭。之後，荷蘭的救援部隊派出部分艦隊前往中國大陸，準備協助清兵，一舉消滅國姓爺留守在廈門的殘餘勢力。國姓爺一聽到這個好消息，立刻奮起，傾全力攻擊荷蘭在安平的要塞。據說有一位逃兵向國姓爺指出了城牆最脆弱的地方，幫助國姓爺成功攻陷城牆，最終迫使荷蘭人搭乘他們唯一的船艦，裝載著殘餘士兵逃回巴

●荷方投降圖【引自《製作福爾摩沙》】

達維亞。因此福爾摩沙島上持續了四十年 ❼ 的荷蘭佔領時期,在1662年終於宣告結束。

撰一總督回到巴達維亞之後,他和部分的荷蘭撤退人員遭到監禁,財物被沒收充公。撰一之後被終生流放到摩鹿加群島的班達(Banda)。後來荷蘭人又派遣了一、兩次的遠征隊,想要奪回福爾摩沙島,但都沒有成功。

福爾摩沙王國

國姓爺入主福爾摩沙後,將宮殿和首都設置在荷蘭人所建的城鎮和堡壘之處。他在福爾摩沙上頒佈並施行中國式的法律和政府,並鑄造了錢幣 ❽。國姓爺佔領福爾摩沙兩年後 ❾ 就死了,據說當時他正在籌備遠征軍,準備攻擊菲律賓群島上的西班牙人。他的兒子繼承了王位,忙著和清朝政府派駐福建的官員打仗。1683年,國姓爺的孫子向清朝皇帝康熙投降,結束了短短二十一年的鄭氏王朝。1684年,中國朝廷釋放了二十個荷蘭俘虜及他們的後代。

不管是在獨立的鄭氏王朝時期,還是日後的清領時期,漢人移民

註

7. 校註:此為約數,實為三十八年。

8. 原註:福建人稱銅幣為「錢」(Chee),它是一種輕薄的圓形銅鑄錢幣,中間有一個四方形的洞口,以便拉成一整串。銅錢上面刻有皇帝的年號,用以記載鑄造的年代。除了大宗交易所使用的銀錠或外國銀元外,銅幣是唯一通行的中國貨幣。銅幣的價值低於釐(mill,等於0.001美元),在中國開放對外貿易的城市中,一美元約可換取1200-1400個銅幣。在中國人所收藏的錢幣中,依舊可以找到福爾摩沙所鑄造的錢幣。

9. 校註:其實只有一年零一個月,即從1661年4月至1662年5月。

都持續不斷地從中國大陸移居到福爾摩沙。這些漢人移民幾乎佔據了所有的可耕之地，把原住民逐漸趕往山區。至今在福爾摩沙的崇山峻嶺之間，仍可找到少數未遭漢人移民滅絕、同化的原住民。據估計，現在福爾摩沙的漢人人口，大約在三百萬到五百萬人之間，而原住民雖然仍擁有福爾摩沙約一半的面積，但人口總數可能沒有超過十五萬人。當然，估計原住民的人口總數，要比估計漢人來得更加困難。

貝尼奧斯基訪東海岸

自從荷蘭人離開福爾摩沙後，直到最近幾年之前，外界對於福爾摩沙一直所知無多，而且訊息多半是來自於船難者的零星記述。因此，貝尼奧斯基伯爵（count Benyowsky）所寫下的1771年造訪福爾摩沙東海岸的探險紀事❿，就顯得彌足珍貴了。這位先生原本是匈牙利的貴族，參加了波蘭人反抗俄羅斯的戰爭，結果戰敗遭俄羅斯人監禁。1770年，他被流放到堪查加半島（Kamchatka，俄羅斯亞洲領土的東北部），他跟幾個因犯在那裡成功地脫逃而出。他們搶奪了一艘船艦，航經日本、琉球群島、福爾摩沙、澳門，最後抵達法國。法國政府聘請他到馬達加斯加（Madagascar）⓫建立殖民地，結果他到了馬達加斯加島之後，卻被當地各部落的酋長共同推舉為國王。1786年，他帶領馬達加斯加的人民跟法國打仗，最後壯烈地犧牲。貝尼奧斯基伯

註

10. 原註：請參考《貝尼奧斯基伯爵探險回憶錄》（*Memoirs and travels of Maurice Augustus Count de Benyowsky*）。

11. 譯按：非洲東南印度洋中之一大島，曾為法國殖民地，1960年6月26日獨立，定名為馬拉加西共和國（Malagasy Republic）。

爵造訪福爾摩沙東海岸的故事，就像他生涯的其他探險事蹟那般精彩。而且更重要的是，他所探訪的東海岸，至今除了他的敘述外，依舊找不到其他的記載。因此我們以下摘錄其中一些片段，應該是有價值的。

貝尼奧斯基伯爵一行人抵達福爾摩沙東海岸的地點，位於北緯23點22

● 傳奇冒險家貝尼奧斯基伯爵【2009/8/18引自http://it.wikipedia.org/wiki/Maurice-Auguste_Beniowski】

度，從北到南來說，相當接近福爾摩沙島的中點。他們的船艦停靠在水深14英尋（約25公尺深）的海上，然後划著小船上岸。這艘小船遭到岸上原住民的攻擊，因此他們向原住民開火，殺掉了很多人。水手們發現了一個好港口，因此他們第二天就駛著船艦進入該港口，停靠在水深100英尋（約180公尺）的岸邊。結果這一次原住民帶著樹枝前來，臥倒在他們的腳下以示降服。他們進入原住民的部落，但不久之後麻煩又來了，這次可能是水手們放蕩不羈的行為所惹起的。總之，他們又再次被驅趕回船上。貝尼奧斯基等人返回船艦後，重整旗鼓，並增援了人手，開始攻擊原住民部落。他們殺了兩百個原住民，並放火燒掉他們的部落。之後貝尼奧斯基等人起錨，利用微風和潮流，沿著東海岸北上。不久之後，他們來到了一個漂亮的港口，水深只有3英尋（5.4公尺），這時有當地的小船出來引導他們入港。這些原住民

招待他們吃水果，又殺豬宰禽來款待他們。

貝尼奧斯基在這兒遇見了一個西班牙人，他來自馬尼拉，因為在當地殺了一個道明會神父，因而逃亡到福爾摩沙的東海岸。他的名字叫帕契可（Don Hieronimo Pacheco），曾經是加維特港灣（Cavite）⑫的船長。貝尼奧斯基送禮物給他，獲得了他的友誼。第二天，當他們的一隊人馬要去取水來喝時，受到了另一個部落生番的攻擊，有三個人被殺死。貝尼奧斯基在帕契可及其友人的協助之下，從船上取槍砲來攻打這些生番，殺掉了一千多人。之後貝尼奧斯基暫時紮營在海岸邊，並接見了一位來自深山的酋長。這個酋長名叫「花埔」（音譯，Huapo），居住在距離東海岸三十里格（League，三十里格約一百五十公里）之遙的內陸⑬，可以動員兩萬到兩萬五千個戰士來打仗。酋長的中央領域據說是個相當文明的地方，雖然目前大部分的東海岸地區都是由生番所掌控。

在此之前，花埔先派一個頭人前來會見貝尼奧斯基，這個頭人請貝尼奧斯基再耐心等候幾天，他們的酋長花埔就會來訪。根據貝尼奧斯基的描述，這個頭人的打扮相當講究：頭上戴著尖形的帽子，帽子上有棕色的馬尾做為裝飾；身穿白色的上衣，黑色的背心，最外面那件紅色的短外套，還以珊瑚貝殼和黃金來當鈕扣；下半身穿著貼身的長褲，腳上穿著漢人的半長統靴。但是他的隨行部隊，除了下半身綁

註

12. 譯按：菲律賓馬尼拉灣西南的港口，今為海軍基地。

13. 原註：如果以一里格等於三英里（約五公里）來計算的話，這個距離已經超過了福爾摩沙島東西海岸的寬度，因此貝尼奧斯基或者原住民的距離估計並不太準確。

著一塊藍色的布料之外，幾乎是赤身裸體了，他們個個都帶著弓箭。

花埔酋長本人及他的貼身侍衛隊騎著馬，步兵團緊跟在後，執著弓箭、矛、棍棒和斧頭等武器。這位大酋長抱怨說，漢人日以繼夜地併吞他的勢力和土地，尤其是西海岸的肥沃土地。他請求貝尼奧斯基先生幫忙，讓福爾摩沙能夠掙脫漢人的魔爪。他們彼此交換禮物，並且結拜為兄弟，海誓山盟地發了毒誓。貝尼奧斯基描述這個金蘭結義的儀式如下：

我們兩個人走近一處小火，各自往裡面丟了幾片小木材，然後有人分別遞給我們一個香爐，裡面裝滿了燃燒的木頭，我們將香丟進香爐裡，然後面向東方做了幾次的煙燻動作。之後，有一位將軍把我們的海誓山盟朗誦出來，我則做出肯定的回答。每當他稍微暫停時，我們便重複一次朝東煙燻的動作。這些儀式完成之後，花埔酋長宣示了誓言，我在帕契可先生的指引與翻譯之下，也做了同樣的宣誓。宣誓的主旨是，若違背此誓言，必遭天打雷劈等等。我們做了這樣的宣誓之後，彼此就把火丟在地上，並把身上的馬刀插在地上，一直往下插到劍柄為止。這時，一大夥人趕緊把我們的馬刀用石頭覆蓋起來，之後酋長就抱住我，並宣佈從今以後我就是他的兄弟。

接著，貝尼奧斯基換上福爾摩沙原住民的服裝，跟著酋長騎馬繞行部隊，接受所有人的敬禮。他們是以左手碰觸馬鐙的方式來表示敬意。

酋長此時告訴貝尼奧斯基，他在「花埔新村」（音譯，Huaposingo）有一個宿敵，此人跟漢人結盟，同時向漢人進貢。這個

壞蛋在漢人的協助之下，已經掠奪了他最美好的土地。他們擁有六千名士兵，加上一千個漢人傭兵，擁有五十支毛瑟槍（musket），要抵達他們的大本營，需要一天半的時間。

貝尼奧斯基一肩挑起了結拜兄弟的困難。他帶著六十匹馬做為交通工具，隨行有四十八位壯丁，還有四尊小鋼砲，於9月3日出發，只在夜間和清晨才行軍。他們沿途受到福爾摩沙人的招待，以水果、米飯和白蘭地來果腹。由於貝尼奧斯基等人以馬代步，所以很快就抵達了敵人大本營的附近。他們先在那兒紮營休息，等待酋長的後援部隊前來會合。他們在等待的期間，遭受到敵人的攻擊，雖然擊退了敵人，卻也受到重大損傷。第二天，酋長和援兵到達之後，他們就展開了攻擊。毛瑟槍和小鋼砲所發出的驚天聲響，很快地就讓敵人四處逃竄，場面宛如一場大屠殺。最後敵軍首領被他們俘虜，並向花埔酋長投降，花埔酋長之前一直待在安全的距離外觀戰。

花埔酋長拿出一些珍貴的珠寶、八百磅的銀子以及十二磅的黃金來犒賞貝尼奧斯基的部下們，另外又拿了一箱金幣送給貝尼奧斯基本人，裡面裝了一百塊金幣，重達十三點二五磅（約158兩）。貝尼奧斯基則把屢建戰功的小鋼砲送給酋長，做為回禮。他們一行人在返回東海岸途中，穿過了一塊水源豐富、人口眾多的美麗地區。

貝尼奧斯基把酋長送給他的所有東西，全都送給他的追隨者，自己分文不留。所有跟隨他的人都懇求他留在這個充滿溫情的島上，不要回歐洲，但是他最終說服這些追隨者繼續跟隨他，並承諾有一天，他會帶大家一起回來建立殖民地。9月12日，貝尼奧斯基一行人乘著東北季風航向澳門，結束了他在福爾摩沙東海岸的傳奇經歷。

貝尼奧斯基對於福爾摩沙東海岸及東部的種種情形，做了如下的

報導：當地人口稠密，牛、山羊、綿羊及家禽到處可見；山裡蘊藏豐富的金礦、銀礦、朱砂、白銅、黃銅及煤礦等等；有許多小島所形成的優良港口；酋長擁有兩艘有桅、配備二十四槳的大船；許多住民能夠讀寫，並從漢人處獲得書籍；他們敬拜唯一真神上帝，並且善待鄰居等等。

貝尼奧斯基的很多報導，似乎不盡可信，或許他是為了突顯其歷險而誇大其詞，但無論如何，只有實地的勘查才能夠證明其真偽。從一百年後的今天看來⓭，貝尼奧斯基所描述的「富裕、人口眾多的地區」是最不可信的。就目前所知，東部並沒有任何的原住民地區，擁有大量的牛、馬、山羊、綿羊，更不用說在一場小型的地方戰鬥上，當中的一方就能動員兩萬五千名士兵的事了。

儘管如此，貝尼奧斯基所描寫的福爾摩沙東海岸的小島和港口，卻跟廣州的奈依先生所保存的福爾摩沙古老地圖相當一致（請參考第15頁的台灣老地圖）。

註

14. 譯按：貝尼奧斯基大約在1770年造訪福爾摩沙，而本書作者是1873年訪問福爾摩沙，因此所指的一百年後的「今日」，是指1873年。

第二章　福爾摩沙的過去：
　　　　從海難到宣教

遇難的英國人和印度人

　　1841年9月，有一艘名叫「尼布達號」（Nerbudda）的船隻在北部的基隆港附近擱淺，上面所載的隨軍人員大部分是印度人，也載了一小隊的英國士兵。結果，這一小隊的英國士兵，夥同船上的職員和其他的歐洲人，搭乘小船逃生，任由船上的兩百四十個印度人自生自滅。這些印度人在船上待了五天之後，不得已嘗試以竹筏上岸。有些人在登陸過程中溺斃了，有些人則在登陸後被漢人劫船者殺死。那些成功登陸並免於被殺的人，一上岸即被逮捕，全身被扒得精光，戴上鐵銬投入牢中。最後，這批囚犯被分成幾個小隊，押送到福爾摩沙的首都台灣府。

　　1842年3月，有一艘雙桅橫帆船「安妮號」（Ann）遭遇暴風雨，擱淺在福爾摩沙的西海岸沙灘上。船上總共有五十七人，其中十四個歐美人士、五個中國人、四個馬來人，以及三十四個印度人。第二天早上，他們發現海邊有一艘中國船隻，便企圖利用這艘船來逃命，但是因為強風過於猛烈而無法成功。結果他們被中國的武裝海巡隊伍團團包圍，毫無抵抗地投降了。他們立刻被扒得精光，在冷冽刺骨的東

北季風中，被押往台灣府。其中兩位因爲天氣太冷而凍死，其他人則因爲飢寒交迫而昏倒，因此改裝在鐵囚車中押送。他們到了台灣府後，被銬上腳鐐手銬，分批關在不同的監牢中。

　　在這種處置方式下，這兩條船的生還者都不知道彼此的存在。直到七個月後，當中英兩國達成了某種和平協議，使得這兩條船僅剩的十一位生還者被遣送到廈門釋放後，整件事情才得以曝光。原來，大約在1842年8月13日，這兩條船其餘的一百九十七人，全部被囚車運到台灣府外的廣場，一整排跪在地上。他們一開始並不知道，這樣公開展示的原因何在，直到冷酷的劊子手出現，他們才了解自己將被斬首示眾。他們的屍體全部被埋在一個大坑中，頭顱則裝在籃子裡，丟在海邊任由潮汐捲走。據說其中有一個愛爾蘭人，他藉著裝瘋賣傻，拚命地向負責處決的官員磕頭，因而逃過了一劫。

金理先生的日記

　　1842年3月搭乘「安妮號」的成員之中，有位叫作羅伯・金理（Robert Gully）的英國人，他最後也逃不掉在台灣府被砍頭的命運。所不同的是，他留下了一本日記，爲福爾摩沙的歷史做了見證[1]。金理先生的敘述平實坦率，他所描述的福爾摩沙住民的情形，跟三十年後的今日（1873年）相比，幾乎沒有兩樣。我們下面就節錄當中的片斷，開頭的四段，應該是他們被逮捕之後的次日所記錄的：

註

1. 原註：這本日記是金理先生和丹漢姆船長（Captain Denham）於1842年被監禁在台灣時所寫的。

3月14日（1842），我們吃過早點後不久，聽到外面一陣吵鬧聲，也看到了許多長矛和旗幟。守衛告訴我們，我們即將被遣送到別的地方去。有一位守衛把同難魯撲先生（Mr. Roope）叫到一旁，讓他爬上一個樓梯，魯撲先生在上面呼叫大家來幫忙。丹漢姆船長和我聽到之後，立刻爬上去幫忙。原來是一個士兵叫魯撲先生到樓上去，並且做手勢叫我們都上樓去，不要出去見中國官員。我們上樓後，發現那裡有一間乾淨的小房間，這個士兵叫我們待在這裡。但我們仔細想一想，他叫我們上來，只不過是為了掠奪我們身上的財物，於是我們又爬下去，與其他同難待在一起。或許這個士兵是聽到我們先前對撿拾破爛者所開出的價碼，是出於好心也說不定，但實在難以判斷真偽。

不久之後，我們就被帶到三個中國官員面前，頸部被掛上標籤，然後在一支強大的警衛隊護送之下，往內陸走了三英里（約五公里），來到一個圍有城牆的小鎮，這些城牆是用石頭和油灰（chunam）❷堆砌起來的。我們從這小鎮的一頭走到另一頭，然後在城牆邊被命令全體坐下，等了大約半個小時之久。此處很接近某位中國官員的官府。我認為他們這麼做，就是為了讓民眾好好地看看我們。我們分成兩批被帶入官府之內。之前就有士兵警告過我們，說我們勢必會被砍頭，如果他們沒有刻意在石頭上磨刀的話，我應該就會相信這番話。我們這兩批人被關在不同的牢房裡，牢房長八英尺寬七英尺（約兩公尺寬三公尺長），每個牢房關了二十五個人，有三名獄卒或警衛看守著。天氣非常寒冷，但我們頭上沒有任何覆蓋物，因為全

註

2. 原註：Chunam是中式的油灰，用油和石灰所製成。

身被扒得精光，身上也沒有衣服，只能用少量的乾草來阻隔潮濕的地磚。

　　我們所途經的道路，兩旁的土地皆栽種了稻子。每塊田地的面積都很小，田地與田地之間，僅以約一英尺高的圓弧型田埂來隔開。村莊的四周種著竹林，看起來相當漂亮。我在這裡第一次看到有輪子的貨車，那是一種由水牛所拉動的笨拙玩意兒，我之前在首次行進時，曾見過它所留下的軌跡。牛車竟穿越了已經犁過的田地！對此，我想不到其他理由，看來純粹是因為沒有其他路可走。牛車的車輪是由兩塊堅固的木頭拼組而成的，中間留有一洞，夾住車軸，然後用制輪楔來固定。牛車的車身則是竹製的。牛車在經過爛泥時，車輪的旋轉方式相當奇怪。

● 傳統的牛車
　　【2009/8/18引自http://academic.reed.edu/formosa/gallery/image_pages/Other/Imbault-cart_S.html】

在我們被押往牢房的途中，每一個村民，無論男女老幼都跑出來觀看。那些婦女十分樸素，比我在福爾摩沙其他地方所看過的婦女都來得樸素，但是她們喜歡在頭髮上插著鮮花，這倒是一種自然美。我們途中也超越了幾支隊伍，他們被催來搬運雙桅橫帆船上的大砲，他們的前進方向與我們一樣。我的腳若沒有因為先前的步行而疼痛不已的話，我應該會更加享受這趟旅途才對。畢竟待過擁擠的穀倉之後，能出來透透氣是相當愉快的事，而且應該也有益於健康。

3月15日，先前不見蹤影的砲手和幾位舵手，也來到我們的牢房之中。今天除了這事外，沒有什麼特殊的事情值得一提。他們先前所受的待遇比我們好多了，而且都有衣服可穿，雖然這些衣服看起來相當奇怪。這位砲手就像一般的海員那樣，在手臂上刺有美人魚的刺青，或許泰半是因為這一點，讓中國人認定他是個大人物，因此對待

● 曾關過這批船難者的穀倉【引自《Pioneering in Formosa》】

他們好一些。一直到我們現在見面時，中國人對此還半信半疑。

3月15日及16日，有許多討厭的訪客聚集在牢房之外。官府的人員不斷地安撫我們，並且欺騙我們說，他們會用船把我們送走，叫我們稍安勿躁，一定要相信他們。有一個傢伙還不厭其煩地把我拉到一旁，想要對我解釋得更清楚。

如果我們曾經相信過這些言辭的話，那麼17日的黃昏，便是我們大夢初醒的時候。此時，我們所有的人都被領到中國官員之前，被戴上手銬，加上標籤編號，每個人都得到一個新名字，然後被放進囚車中，運往其他地方。我們出城之後，在一片具有相當開墾程度的地區走了幾英里。我們在經過一些村落時，被告知說，此行是準備要人頭落地的。

隊伍行進中，因為天雨路滑的緣故，我的囚車被搬運人員弄翻了三次。對此，負責的搬運人員比我更加難受，因為每當囚車弄翻後，負責看管我的士兵就會把他痛罵一頓。最後，因為前方道路的地面依舊很鬆軟，他們終於說服了那位持有鑰匙的仁兄，請他把我的手銬打開，讓我起來用走的隨行。我很高興可以自己步行，於是我在那位負責鑰匙的仁兄的全程戒護下，一路走到了台灣府。

沿途我特別注意到，很多士兵所持的火繩槍遠比我以前在中國所看過的優越，而且槍枝保養得很好，槍身的外面刻了六個正方形，槍身和內膛都擦得相當光亮。另外一些戒護人員的穿著就比較破爛了，他們所攜帶的是生鏽長矛，還帶著盾牌，頭上的舊帽帽沿也已塌掉，我猜想這些是臨時招集的民兵，而那些軍容較佳的則是正規軍。

不久之後，我看到了小麥田，但跟英格蘭的一般小麥田相比，此處的小麥顯得矮小瘦弱。整條路走下來，我所觀察到的都是如此，因

此我敢說，漢人對於種植小麥或大麥的知識，就像我們英格蘭農夫對於稻子的知識那般不足。

不久，我們經過一片非常貧瘠的地區，大概只有地質學家才會對它感興趣。寬廣的平原往內陸延伸而去，一眼望去，視野所及盡是圓石，我們在約克郡（Yorkshire，英格蘭東北部的舊郡）稱這種石頭為「卵石」（boulder）。更遠處，則是「卵石」所構成的山丘或山脈。這裡看不到植物，只能偶而在山頂上看到一些綠點，第一塊綠點距離海岸線有好幾英里之遙。由於從海面上可以看到這些山丘，所以我們在發生船難之前，一直以為福爾摩沙的海濱非常光禿荒蕪。那片介於山丘與海洋之間的地帶，地勢相當低，上面又沒有樹木生長，很容易誤導海上的觀看者，因此我相當懷疑，海圖上所繪的台灣海峽是不是太寬了。

在我們最初坐在囚車的路途中，戒護人員向我們指出許多路旁的小客棧，也教導我們如何使用身上的零用錢（mace）。這些小客棧，以及我們所經過的所有建築，全都是用先前提到的「卵石」和泥土所砌成的。很多房屋的周圍植有枝葉茂密的大樹，旁邊則有座椅可供乘涼或休息。這塊地區是我所見過最荒涼嚴酷的所在，我不禁想起，「美麗島」（Formosa）實在是個悲哀的誤稱。此地的房屋零零落落，不僅數量稀少，而且彼此相距甚遠。相較於我之前在中國所見的，此地居民的穿著更加破爛，顯得更為貧窮可憐。

我們一路向南，一整天下來，大概走了二十五英里（約四十公里）。途中經過了幾條河流，這些河流都是東西向的，因為季節的關係，此時的水量明顯較少。我們也經過一些小鎮。有的小鎮並沒有城牆，那些有城牆的，也僅僅是泥牆，但皆有城門，其中一個是磚塊建

的，其他則爲竹子建的。我們在這趟旅程當中，遭到了小鎮居民，以及所有其他民眾的各式辱罵和輕蔑，但婦女倒沒有這樣做，她們僅僅是顯露出女性慣有的那種好奇模樣。

大約黃昏的時候，我們終於到達了歇腳處，那是個大城，有很高的磚牆。我們在到達此處之前，先經過一片連綿的稻田（paddy）[3]地帶，中間點綴了幾座小村落，村落周圍種植了竹林。這些竹子是我所見過最高大的，其高度甚至可以到達六十英尺（二十公尺）。我經過幾分鐘的仔細觀察之後，發現牛車的輪軸會隨著車輪一起轉動。該城的市場內，似乎堆滿了各種魚類。我在西邊不遠處，可以約略看見幾艘戎克船的船頭，這是我們此行前往台灣府的途中，第一次看到海的跡象。

在這些人到達台灣府，並被關在牢裡四個月之後，我們發現了下面這則1842年7月25日的日記：

我像往常一樣地醒來，早上的天氣很好，但昨晚睡得很糟，整夜都在做惡夢。我想，萬一這本日記比我們更長壽，那麼往後看到這本日記的人，應該會對於我們這間牢房內的家具感興趣。

我們如今所住的這間牢房，大小跟對面那間差不多，我們之前就是從那邊遷移過來的。但跟對面的鄰居相比，我們擁有三大優點：一

註
3. 原註：居住在中國及東方的大部分地區的外國人，通常用paddy來指稱尚未採收、去殼的稻子。

是我們這個牢房只住三個人；二是小窗上只有一根橫木；三是屋頂上有幾個通風口。我們有五塊可用來睡覺的硬木板，每塊約長八英尺、寬十四英寸、厚兩英寸。我們的腳下是破碎的磚塊地板。牢房內吊了一根約八英尺長的竹竿，我們白天時就把睡覺用的兩張床墊掛上去。我現在看到竹竿上也掛了兩條毛巾，其中一條是用老舊的棉內褲做成的，那是派崔奇先生（Mr. Partridge）的，另一條植物纖維做成的毛巾，則是Zu. Quang-Leon給我的。除此之外，還有一捆用帶子綁起來的紙張、素描等等。東面的牆上，有一張ChinHae畫像的殘餘部分，這張畫像已遭雨水損壞了。牢房的窗口面朝西，一邊掛著我的煙斗（那是船長給我的），另一邊則掛著某位獄卒給我的小鏡子、幾枝鉛筆和四個monghoon。

我們用竹製的枕頭和一塊舊墊子來遮住太陽西曬。木板上放了一塊棋盤。房間的北面牆壁上，掛了我們的浴桶（花了我們五十個銅錢），一支用來清掃地板的掃把，一個裡面放了幾支掛鉤的籃子（之前住在這裡的人所留下來的），一個裝著筷子、竹湯匙的籃子，還有砲兵的毛巾，以及一根用來提燈籠的棍子。這面牆上有一個小壁凹，裡面有一個陶製的燈和燈座、一些竹棍子、兩根用來清理煙斗的鐵絲、三隻煙斗，以及一些廢紙。角落處，有釘進牆裡的兩根棍子，上面放了幾本航海日誌和一些紙張。下面有一個小架子，裡面放了幾個杯子、破掉的碟子和顏料、兩個傑克（Jack）給我的醬菜杯（第三個在一個禮拜前被我打破了），以及一個愛迪寇（Aticoa）給我的小陶壺，既可以用來煮茶水，也可以用來裝米酒（如果我們拿得到這些東西的話）。架子下方懸掛著一節中空的竹子，上面放著我們的火盆。更下面還有一個愛迪寇送的小火爐、一個我自己買的鍋子、一個裝著木炭的盆子

（盆子是傑克給我的）、幾雙舊草鞋，以及幾片用來燻趕蚊子的竹片。

　　我的錢櫃在房間的南面，那裡放著我的項鍊、一串大約八、九十個銅幣的現金、一個裝著鴉片丸和茶葉的小盒子，以及一頂值三十個銅幣的帽子，我用油紙覆蓋著它。我現在正坐在一張先前的囚犯所遺留下來的竹凳子，一隻腳放在派崔奇先生的凳子上，那是towka給他的。我的對面就是門，門後有一個桶子。我的左手邊是窗戶，窗沿上有兩把梳子，其中的一把，是我抵達這個城鎮幾天後，花了十三個銅錢所買的。樣樣東西都要花錢，還好我以前尚未發生船難時，每天所領的零用錢（mace）都存起來，如今總算能派上用場。我的扇子插在窗戶間。我靠在一塊漆成紅色的板子上書寫這本日記，板子上寫著黑色的漢字，上面則有一雙俯視的綠眼珠。我想以上就是牢房裡的一切了。啊！我還遺漏了南面的牆上掛的L型長褲，那是威齊（Kitchil）這位印度水手給我的，以及法蘭西斯（Francis）給我的植物纖維製成的長褲和一雙羊毛短襪，上面也掛了魯撲先生的航海日誌。

　　如果將來有人讀到這本日記，認為我所描述的這一切物品可以稱得上奢華的話，那麼這個讀者應該了解，我們是最近才湊足這些東西的。我們剛到台灣府的頭兩個月，一無所有，牢房裡還充斥著無數擾人的臭蟲、跳蚤、蝨子、螞蟻、蚊子、蜈蚣，當時除了一死了之或奇蹟出現之外，我們看不到有擺脫這些壞蛋的可能性。我現在所穿的，是我唯一的一件襯衫（羊毛製的），我已經穿了將近五個月了，腿上則有半件棉質內褲。對了，我差點忘記掛在房間北面那本月曆，我每天早上都用生鏽的釘子在上面做記號。我們有了第三隻木凳子，那是愛迪寇借給我們的。雖然我們有找事來做，但日子依舊乏味難熬，我茫然不知該如何打發時間，也感覺到書籍的匱乏。

● 這批海難者遭斬首的刑場所在【引自《Pioneering in Formosa》】

　　時光就這樣一天天的過去，這些因為船難而被監禁在台灣府的可憐傢伙，因為食物不足和受凍的緣故，身體一天比一天衰弱，也因為看不到被釋放的可能性，精神日漸萎靡不振。最後他們就被帶到府城的後方，全部像綿羊般地遭到斬首示眾。

　　英國政府直到和中國政府訂定和平條約後，才知悉這件恐怖的野蠻行為。雖然雙方之後有一連串的外交往來，但似乎看不到什麼結果，這些人就這樣死不瞑目，仍然被埋在地下無法申冤。

本島的官方紀錄

　　自從福爾摩沙被納入中國的版圖後，本島官方紀錄上最重大的兩椿事件，便是1782年的洪水天災，以及1788年的大型反抗。1782年那場夾帶著狂風巨浪和驟雨的大洪水，大概是由颱風所引起的，而不是

因爲地震或是火山爆發的緣故。洪水過後，台灣府的公家建築物、穀倉、兵營、鹽倉等等都毀於一旦，私人的住宅更是滿目瘡痍，幾乎全毀了。二十七艘戰艦之中，有十二艘全然失蹤，另外十二艘戰艦，跟其他兩百條船一樣，遭致了海難毀損的命運。那些停泊在港口碼頭內的眾多竹筏和木筏，也都被破壞殆盡。中國皇帝下令用公款重建主要的建築，並且撥款補助受害的災民。

福爾摩沙上的殖民者具備了特有的反叛性質。他們大半來自於尚武好鬥的福建省，而且當中也有很多亡命之徒，因此，這批人的存在就注定了福爾摩沙上經常會爆發各式的反抗事件。根據當地人的說法，「十年一大亂」。除此之外，各鄉鎮之間的械鬥更是綿延不絕，從未歇止過。儘管如此，1788年的林爽文事件仍然特別值得一提，因爲這場反抗讓中國政府犧牲了十萬名士兵，耗損了兩百萬兩銀子。

開放通商港口

根據1860年的條約，福爾摩沙必須開放一些港口做爲通商口岸，讓外國商行能夠前來通商。但在此之前，外國船隻已經在福爾摩沙的沿海地區，發展出一套有效率的鴉片走私系統了。1861年，英國派遣史溫侯先生來擔任駐福爾摩沙領事。史溫侯先生一開始將領事館設在台灣府，但不久之後，他就對福爾摩沙南部的港口感到失望，於是經由陸路遷移到淡水，並在淡水住了一陣子。不久，幾家在中國營業的主要外商，也來打狗和淡水設立代理機構，想要從此地快速成長的蔗糖、茶葉貿易中獲利。特別是本地的茶葉貿易，幾乎可說是由外商一手推動的。他們從廈門茶區引進製茶的師傅，用這些師傅來烘焙和製作本地茶農所生產的茶菁。

● 在台灣府的英國領事館【引自《Pioneering in Formosa》】

島上的宣教事業

　　1864年，英國長老教會派遣醫療傳教士馬雅各醫生來到福爾摩沙，開始進行宣教工作。他也從中國大陸帶了一些信徒過來。剛開始，馬雅各醫生只向漢人傳道，但不久之後，他就把觸角延伸到島上的原住民，造就了日後傳教事業在原住民地區的榮景。1868年，漢人焚毀了馬雅各醫生的房子，並且控告西方傳教士殺害小孩，用小孩的眼睛和血液來製藥。同一時期，來自馬尼拉的西班牙道明會在島上所興建的建築也遭到火燒。當時，台灣府附近的外國人都跑到打狗避難，因為打狗的漢人比較少，又有英國的武裝艦隊可以保護他們。不久之後，英國艦隊砲轟了安平港，有一些漢人被炸死，台灣府的中國當局還支付了六萬銀元，以賠償外國人所遭受的財務損失。但英國政府事後譴責駐台灣府的代理領事吉必勳先生（Mr. Gibson），認為他不該擅自作主砲轟安平港，並將他降職處分。據說不久之後，吉必勳先生就因為受到降職的羞辱，在中國抑鬱而終。

　　1867年，當時美國駐廈門和福爾摩沙的領事李仙得將軍前來福爾摩沙視察，並抵達福爾摩沙的最南端，當地的生番慣於殺害所有在附近海岸遭遇海難的船員。李仙得將軍特別關心美國三桅船「羅妹號」（Rover）的命運，他親自探查「羅妹號」的失事地點，之後進入生番的領域，在那邊跟該地區番社的總頭目卓杞篤（Tok-e-tok）談判，交涉往後若有遇難船隻的人員落入其手，相關的贖金及安全遣返等事宜。李仙得將軍之後拜訪了內陸的其他部落，並經由陸路旅行到淡水。另一方面，他也跟中國政府展開協商，希望他們能懲罰生番殺害

● 美國海軍為羅妹號事件前來征討原住民
【2009/8/18引自http://academic.reed.edu/formosa/gallery/image_pages/Other/Formosa_Pirates_S.html】

遇難船員的惡行，並建議他們在南岬興建燈塔，以減少海難事件的發生。但李仙得將軍的這些提議均沒有被採納。他也對美國政府提出上述的建議事項，並在上呈的領事報告中，明白透露出他希望美國政府能夠殖民福爾摩沙的願望。

李仙得將軍後來離開了駐廈門和福爾摩沙的領事職務，轉而服務於日本政府。一般咸信，他就是推動1874年日本侵略福爾摩沙的靈魂人物之一。

第三章　福爾摩沙的現況

漢人

在漢人兩百多年的墾殖下，福爾摩沙的西部已經呈現出眞正的中國風貌。當我們行走其間時，會穿過一塊塊精心灌漑的小稻田，舉目四望，不時可見骯髒的漢人村莊，以及一旁的美麗竹林。每隔一段距離，就可以看見古老的墳墓、斷垣殘壁的空屋，以及由磚塊和木頭所建成的古老城鎮等等。

在漢人的眼裡，福爾摩沙與菲律賓、爪哇和加州不同，並不是男人隻身前往，掙夠錢後便離開的地方，而是攜家帶眷的定居之處，他們千辛萬苦地離開中國，移民到這裡來，並沒有打算有朝一日還要回到中國。因此，他們將福爾摩沙改造成中國的風貌，也確實如此稱呼福爾摩沙，至少直到內陸山區皆是如此。

公共設施

目前（1870年代），島上至少有七個城市的外圍建築了城牆，首府台灣府的城牆，其圓周約有七英里（約十二公里，包括東、西、南、北門的範圍之內）。這些城牆有時候用石頭砌成，但是大半都是用泥土，外面再以紅磚貼面。城門上面有兩、三層高的塔樓，形狀類似寺

廟的塔，鋪瓦的屋頂呈現彎曲的弧狀。塔樓上面的樓層，堆放了一些保護城門用的石頭和長矛。城牆上並沒有裝置大砲，也不適合如此裝置，但外緣處有一道矮小的磚造牆，用於保護城內的防禦者。這道矮牆上開有槍眼，是用來射擊火槍或發射弓箭用的。這些城牆雖然都是在近一個半世紀內建成的，但它們所使用的建造方式，似乎跟最古老的中國城牆一模一樣。無論如何，這些城牆在防禦福爾摩沙不時爆發的反抗事件時，依然發揮了相當好的功效，而且，在過去的時代裡，可能也曾有效地防禦過原住民的襲擊吧！

　　就像其他地方的漢人那樣，福爾摩沙上的漢人也是群居性的，他們不是居住在城門城牆的保護之下，便是彼此聚集在一塊，成爲散佈在平原上的一處處村落。在這些村落中，用泥土或磚塊建成的小房子，蓋得跟較大市鎮內的房子一樣擁擠；當中的走道，也像較大市鎮的街道那樣，又小又髒。這些漢人雖然置身在綠地之中，卻總是極盡

● 台灣府內一景【引自《Pioneering in Formosa》】

骯髒污穢之能事，彷彿清潔和新鮮空氣會令他們混身不對勁似的。他們的客廳和臥室，通常跟美國一般家庭的小儲藏室差不多大小。在福爾摩沙的鄉下地方，除了小茅屋外，幾乎找不到其他可供遮風避雨的場所。作物收成期間，這些小茅屋內住有看顧者，以防小偷和野生動物的侵入。

在福爾摩沙，甚至整個中國，幾乎沒有人認知到「公眾權利」這個概念：公眾權利不同於私人權利，但對每個人的生活都至關緊要。因此，這裡幾乎看不到所謂的公共改善工程，無論是由帝國政府或城市政府推動的皆然。的確，我們看到了由皇帝或城市政府所執行的公共工程，但這些工程都是針對特定的需求，一旦該項需求滿足之後，整個社會就會恢復到毫無公眾利益可言的情形。像造橋鋪路這類的公共設施，似乎完全視相關的個人之喜好而定，這點，或許就是漢人城鎮中的街道和房屋，為何總是如此凌亂不平的原因所在。即便是最大的城市，其警力和消防的措施依然是相當原始。

因為福爾摩沙缺乏一套規劃與執行公共建設的制度，所以我們在島上看不到什麼公家興建的道路。如果我們行走在較大城鎮外的小徑，起初的一、兩英里路，還會簡單地鋪個石板，然後在這段鋪石小徑的盡頭，我們通常可以看見一塊豎碑，用來說明這條路是由哪位善心人士出資鋪設的，好讓過路人可以知道這些老爺的公益精神。接下來的小徑就沒有鋪石了，旅人必須在田野之間穿梭，僅僅有個概略的方向，通常腳下的路徑是沿著劃分田地的田埂前進，根本沒有指示標誌可以告訴我們，現在究竟所在何處。這些小徑的形成，似乎是由往來旅客的人數、力量和需要所踩踏出來的，好像跟旅客所擁有的通行權無關。

福爾摩沙及其住民

人口

　　福爾摩沙上的漢人人口，估計約在三百萬到五百萬人之間，後者應該比較接近真實的情況。漢人所居住的地區，被劃為一個「府」，是福建省下的一個部門，其首府設在台灣府。「府」下面設四個「縣」，分佈在西海岸，向東縱深可達生番所居住的山腳下。

　　福爾摩沙的漢人當中，較多數是來自於福建省，他們至今仍操著他們祖先所留下來的方言❶，也保留了相同的習俗。福爾摩沙島也有不少客家莊。中國的客家人現居於廣東和福建兩省，但熟悉中國歷史的人士，至今仍不確定他們的身世起源❷。客家人究竟是何時、如何到達福爾摩沙的，文獻上似乎沒有相關的紀錄。他們的語言跟河洛人差異頗大，因此雙方無法溝通。他們比河洛人更強壯，也更勤勞，大多居住在山坡地，介於河洛人跟生番之間，很容易受到生番的攻擊。他們的女童並不像河洛女童那樣纏腳，這或許是他們比河洛人優秀的一個原因。一般而言，客家人與河洛人都分居在不同的村落，即使他們有時居住在同一個村落，也會分居在不同的區塊。

註
1. 譯按：嚴格說來，這些福建省人，主要來自泉州和漳州，他們所講的「方言」就是河洛話。單單福建一省就有幾十種方言，因此把「河洛話」說成是「福佬話」，基本上是講不通的。外國人不清楚，情猶可原，我們自己人要弄清楚才好。
2. 譯按：外國人說不可考，又是情猶可原了，因為作者不懂中文。現在隨便一本國語辭典都可以告訴我們，「客家人」大約在西元四世紀五胡亂華時，為了逃避戰亂而南下的漢人以及他們的後代，分佈於江西、福建、廣東、台灣等地。台灣（福爾摩沙）則以新竹苗栗高雄屏東分佈較多。

捕魚及養殖漁業

　　福爾摩沙的沿海地區，有很多依靠捕魚維生的居民。他們通常使用的捕魚工具，是一種用長型的竹子所製成的竹筏，長約二十英尺，寬約十英尺。他們用來製作竹筏的竹子，會先經過仔細的處理，所以能夠防水。他們會將處理過的竹子的一端稍微弄彎，然後將竹子緊緊地並排綁在一起，彎曲的那一端便是船頭了。這種竹筏是藉由一塊大風帆來推進，能夠離岸駛入海峽數英里之遙。竹筏的浮力很大，一般船隻上的小艇無法航行的海面上，都可以看見它的蹤跡。因此，漢人經常會用竹筏來接駁海岸附近船隻的乘客上岸。我們不曾在中國沿海看過有人使用這種竹筏，因此，它可能是福爾摩沙古代居民所使用的捕魚工具，由於在福爾摩沙海岸的淺灘和沙洲之間相當管用，因而被

● 福爾摩沙的竹筏
　　【2009/8/18引自http://academic.reed.edu/formosa/gallery/image_pages/Other/Bax-Catamaran_S.html】

後來的漢人殖民者所採用。

　　福爾摩沙的整個西海岸地區都散佈著漁村。當我們沿著西海岸航行時，總是不停地碰見小群的竹筏進進出出，漁人正駛著它們往來於漁場之間。大多數的海洋漁業都使用漁網來捕撈，在打狗，漢人就是用這種方式捕捉到大量的鯊魚。

　　福爾摩沙的漢人會在海邊築堤，用來養殖一些海魚，以及大量的蚵仔、蛤蜊等有殼動物。他們也善於在任何能夠加以控制的——不管是天然形成或人工的——池塘、溪流中，養殖淡水魚類。漢人的養殖技術實在太傑出了，產量又是如此豐富，所以魚肉是所有肉類之中最便宜的。漢人所攝取的肉類食物當中，魚肉大約佔了五分之四的比重。在很多地方，販賣魚苗已經形成一樁固定的行業。那些擁有池塘或溝渠的人，只要將魚苗放進去養殖，就可以跟在田地裡種植稻子一樣，確定自己所付出的辛勞與金錢並不會白費。

　　幾乎所有漢人養殖的食用魚都是草食性的，無疑這就是能夠廉價地養出大量魚兒的原因所在。我曾親眼見過漢人養魚者用大量的草類餵魚的場景，這些魚兒是吃得如此急切貪婪，就像牛群在吃草那般。我們美國漁業委員會當前正在實驗的魚類[3]，大部分都是肉食性的，因此要飼養這些肉食性魚類，絕對需要更多的水才行。大略說來，養活這兩種魚類所耗費的資源差異，就好比養活一隻老虎所需耗費的土地，對比於養活一頭公牛所耗費的土地那般。漢人在華北地區所養殖

註
3. 譯按：讀者請記住，作者訪台的時間是1873到1874年間，因而他所說的正在實驗，其實已經是大約一百三十五年前的事了。

的魚類，可能很適合我們美國的水域，所以，如果能仔細研究一下漢人的養殖方式，並引進當中適合美國氣候的魚種，相信應該能對我們帶來很大的助益才對。

　　漢人在魚市場裡所賣的魚兒都是活的，他們把各種魚兒裝在一個個的大水桶之中，顧客需要時再撈起來秤。如果沒賣完，他們就可以帶回去繼續養，等待下次較好的價格時再賣。初次來到中國的旅客，在看到海岸線外大批的捕魚船隻後，就會對這個國家的人口數有個初步的概念。約略數一下，海面上作業的船隻經常數以百計，並航行到頗遠之外，從陸地上已經看不到它們的蹤影了。漁人在捕魚時，通常是兩艘船一組，彼此相隔兩、三百英尺，然後在中間拖曳著一張大網；之後，兩艘船不時地互相接近，等到他們將大網拉起後，就會把船帆降下來。

農業

　　島上大部分的漢人移民所從事的，依舊是農耕工作。只要情況許可，漢人就會將田地細分成一小塊一小塊，每塊的面積通常只有幾桿（rod，一桿約等於五公尺）左右，然後田地之間，以壟起的田埂來做區隔，田埂高度約在一至三英尺不等。在灌溉的時期，田埂同時也充作蓄水的邊界。每塊田地都個別地加以犁平，此時，田裡的蓄水可說是既便宜又完美的水平器具。

　　漢人的灌溉方式，是先在溪流築壩蓄水，然後在水壩上開鑿一個出口，出口的位置要高於灌溉的田地，溪水便能順著溝渠引流到田地裡。這些水起先會流過地勢較高的田地，之後再慢慢地溢流到較低的田地。當溪流所提供的用水仍不足夠時，漢人通常會進而在山谷或溪

谷間築壩，以備在雨季來臨時，能夠攔住流經的大水。因此，在山谷或溪谷之間，有時候就會看到大面積的蓄水池塘，一旦乾旱季節到來時，便能引水灌溉底下的田地。

　　當上述的方式都行不通時，漢人還有幾種灌溉的方式。其中之一便是水車。水車的下端設置在溪流中，上端就斜靠在溪岸上。人踩動輪子時，水車上一排接著一排的竹筒就會將水帶上來，傾倒在水田之中。另一種則是由水牛所推動的幫浦。在廈門、汕頭等地，田地旁有水井，有舊式的汲水桶，汲水桶綁上一條長繩，掛在八、九英尺高的花崗岩板做的柱子上，由水牛拉著繩子把水桶提上來。我不管多晚醒來，總能聽到這些汲水用具所發出的嘎吱聲，表示此時農人仍在工作著，以免他們的作物死於乾旱。

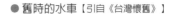

● 舊時的水車【引自《台灣懷舊》】

● 龍骨車【引自《台灣懷舊》】

稻米

　　福爾摩沙上地勢較低的土地，如果水源充足的話，幾乎全都用
來種植當地最重要的主食——稻米。為了要種植稻子，必須先引水入
田，在田地裡蓄積約六到八英寸深的水，直到泥土鬆軟後才能犁田。
漢人所用的犁，是一種粗糙的木頭農具，上頭有一個把手，尾端則套
上一片尖尖的鐵片。他們犁田時，並不是想在田地間形成犁溝，只是
想來回翻動土壤。他們在水牛的頸部套上弧形的軛，軛的兩旁有韁
繩，將犁掛在上面，駛著水牛來回犁田。這種水牛很適合從事這類的
工作，因為牠們是兩棲性的，也能夠安然地在泥濘中顛簸前進，這是
馬或其他的動物都做不到的事。漢人所使用的耙子，是一種尖齒狀的
鐵耙，他們同樣是駛著水牛，在水田中來回耙地。

　　漢人會先將稻子密集地種植在秧床，等秧苗長到五、六英寸高之後，再拔起來紮成一捆捆的秧塊。漢人同樣是在水中進行插秧工作。插秧者四肢都趴在泥水中，前面浮放著一捆捆的秧塊，每一次取起三、四株秧苗，用手指將它們插進一個洞裡，洞與洞之間，大約相隔八到十英寸。插秧者通常一次種植兩排，他們熟能生巧，不用畫線，自然就能夠前後左右間格距離都一樣。秧苗在溫暖的泥水中，很快就能生根，大約三、四天之內就能長出水面。如果水分充足的話，漢人就會讓稻田一直保持潮濕的狀態，等到收割之前，才把田裡的水放掉，讓泥土變乾。

　　漢人用小鐮刀來割稻，收割後的稻子，一堆一堆的放在稻田裡，由婦女們帶到打穀場。在福爾摩沙南部，漢人用打穀桶來脫粒。打穀

●打穀桶【引自《台灣懷舊》】

桶上放著一塊縷空的盤子，三面則圍上布簾，以避免穀粒飛濺到桶外。穀粒並沒有連得很緊，農人只要拿起稻穗往打穀桶一打，全部的穀粒差不多就掉進打穀桶裡了，所以在一旁撿拾落穗的婦孺，所能撿的就很有限了。再往北一點，漢人會搭起一座離地六到八英尺的台架，稻穗就放在上面加以踩落，當台架上的穀粒往下掉時，風就會揚走當中的糠皮。

經過這道脫粒程序之後，穀粒外面仍包覆著一層厚厚的稻殼，有幾種方式可以去掉這層稻殼。當我們行經福爾摩沙各地的漢人村落時，經常看到如下的去殼方式：他們先將稻穀放在一個大型的石槽中，這個石槽上方有兩把像是大石槌的工具，這兩把工具的把手是木頭製的，他們從木柄的中間處將大石槌懸掛起來；然後，有個人雙腳分別踏在這兩把槌子的木柄端，雙手握住頭上所設置的架子，站在上面進行去殼工作。當他將重心踩在左邊的木柄上時，左邊的石槌便高高舉起，然後，他再將重心移往右邊的木柄，左邊的石槌便砰的一聲往石槽上的稻穀打去。這個人就這樣來來回回跳躍著，讓左右兩邊的石槌交替地擊打石槽上的稻穀。

福爾摩沙南部最肥沃的稻田，一年多達三穫，因此在第一次收割後，農人就會立刻準備第二次的播種插秧。福爾摩沙被稱為中國的米倉，有大量的稻米運往中國。由於稻米貿易是以中國的船隻來運送，所以無法估計實際的貿易量，但其貿易值可能超過由外商所運載的蔗糖和茶葉。

糖

相對於稻米，甘蔗通常種植在地勢較高、土質較沙、土壤較鬆軟

的田地,以及那些比較不容易充分灌漑的地方。漢人在準備栽種用的甘蔗時,會先仔細地將甘蔗切成一小段一小段,每一小段的長度約一英尺(約一台尺),然後將它們捆起來,放在水裡栽培。等到這些甘蔗發芽長根之後,漢人再細心地將它們一排一排地種植在田地上。同一株的甘蔗絕不會收成兩次以上,因爲砍過的甘蔗生長第二次時,其甜度和價值就大不如前了。漢人將成熟的甘蔗砍下後,經過清洗,就放入直立的圓柱形花崗石的石磨裡研磨,用水牛來拉動石磨,把甘蔗壓榨成汁,以便製成蔗糖。

漢人會將製成的蔗糖以大竹籃裝載,運送到市場販賣。部分的蔗糖被製成了糖果,供當地的漢人食用,也有部分的糖果用漢人的船隻銷運中國。但大部分的蔗糖都是以原始的樣貌賣給了外商,經過外商的品質分類、重新包裝之後,再載運出國。這些蔗糖主要運往日本和澳洲,但在1874年時,卻有超過六百萬磅(約兩百六十萬公斤)的蔗糖,直接從打狗運往舊金山❹。福爾摩沙南部的打狗和台灣府,是運輸甘蔗的主要港口,南部地區所具備的鬆軟沙質土壤及溫暖天候,顯然比北部的堅實黏土和較冷天候,更加適合蔗糖的生長。1874年春,打狗和台灣府外停靠了十二艘外國商船,正在進行裝載蔗糖的工作。福爾摩沙的蔗糖貿易似乎正方興未艾,未來可能有很大的成長空間。

茶

福爾摩沙的茶葉正在變成一項非常重要的貿易商品,尤其是對美

註

4. 原註:請參考韓德森(Henderson)領事1874年的報告。

國人而言，因為福爾摩沙所產的烏龍茶，主要就是銷往美國。茶樹只
有種植在福爾摩沙北部的崎嶇山坡地帶，那裡無法灌溉，通常也只能
用手來栽種，所以茶農就用粗製的鋤頭和鏟子，一寸一寸地挖鬆泥
土，以栽種茶樹。當地屬於肥沃的紅色黏土土質，上頭有野生野長的
茶樹和樟樹。漢人在栽種茶樹時，通常每棵之間相距約五、六英尺，
茶樹的高度則可以生長到三、四英尺。由於經常的採收，所以茶樹通
常長得相當茂密。只有剛抽長出來的嫩葉，才能用於製作茶葉。漢人
茶農把採收來的茶葉烘乾之後，就拿到淡水去賣。淡水的外國茶葉商
人擁有一切的設備和技術，能夠把茶葉分類、分等級、包裝，最後再
裝船外銷。

● 淡水地區準備製茶銷往美國市場
【2009/8/18引自http://academic.reed.edu/formosa/gallery/image_pages/Leslie/Leslie-Preparing-tea_S.html】

福爾摩沙的茶葉通常要先運往廈門，再從廈門運往世界各地。但在1874年時，有一艘裝載茶葉的船隻，直接從淡水運往紐約。在1874年這一年，從福爾摩沙運往美國的茶葉，總數量超過兩百五十萬磅之多❺（約一百一十萬公斤）。剛開始，福爾摩沙茶葉的品質並不好，但後來從廈門引進一些技術人員，並分類分等級來包裝之後，現在福爾摩沙的茶葉後來居上，青出於藍，其品質已經優於廈門的茶葉了。此地栽種茶葉的潛力似乎不可限量，因為在彰化到淡水之間，有一大片崎嶇的山坡地，其地質土壤很適合種植茶葉，但由於地勢過高，灌溉不易，目前幾乎都尚未開墾。

廈門的茶樹種植在偏遠內陸的山坡地，採收之後，必須仰賴工人揹著一袋袋的茶葉，徒步走一大段的路，然後又得改乘船隻，順著又急又危險的溪流而下，才能夠到達市場。反觀福爾摩沙，當地的茶園很靠近港口，也很靠近市場，運送起來方便許多。

樟腦

漢人砍伐福爾摩沙島上原生的樟樹來提煉樟腦，他們至今似乎沒有任何種植樟樹的計畫。高大的樟樹一旦砍下後，樹幹的堅固部分，當場就被漢人鋸成一塊塊的厚木板，運到工廠去製作成各式家具。剩餘的殘枝和彎曲不直的樹幹，就用手斧削成小細片，然後整捆運送到鎮上，那裡有專門提煉樟腦的場所。

漢人用一種原始的乾餾法來提煉樟腦。他們將樟木片放進「腦

註

5. 原註：【這個註腳的內容遺失了】

● 正在刨樟的腦丁【引自《台灣懷舊》】

炊」中蒸熱，一直到木片內的樹脂以蒸氣的狀態溢出，然後冷凝在壺
罐中。用這種方式所提煉出的粗製樟腦，必須送到其他地方做進一步

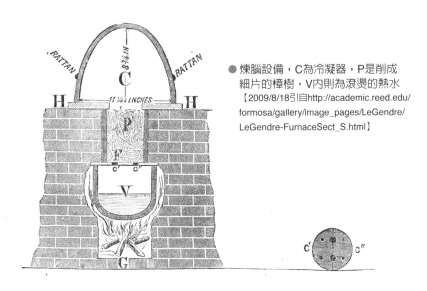

● 煉腦設備，C為冷凝器，P是削成
細片的樟樹，V內則為滾燙的熱水
【2009/8/18引自http://academic.reed.edu/
formosa/gallery/image_pages/LeGendre/
LeGendre-FurnaceSect_S.html】

的提煉手續。當商人將這種粗製樟腦買回後，會有一種油不斷地從中滴出，據說這種樟腦油也具有醫療的效果。樟樹的樹脂似乎分佈於整棵樹木之中，但樟樹卻極少或根本不會像其他樹木那樣，在表面出現一滴滴或一團團的樹脂。

樟樹呈黃色，質地相當粗糙，但漢人卻相當喜愛用這種木材所製成的衣櫃，因為它們持久不散的氣味可以驅除昆蟲。每個到過香港的海員，一定會買個鑲銅邊的樟木箱子，因此有許多漢人工匠就被專門僱來做這類的商品。但就像其他行業那樣，他們已經能夠透過染色、添加香料等手法，將其他木材偽造成樟木的模樣。

其他產物

儘管外國商人只把注意力放在福爾摩沙的蔗糖、米、茶葉及樟腦成品上，但中國市場對很多福爾摩沙的其他產品照樣感興趣。漁業就是其中之一，這個我們在前文裡已經提過了。福爾摩沙高山的生番們所獵得的鹿茸、鹿皮，以及各種野生動

● 通脫木的加工【引自《台灣懷舊》】

物的皮毛，都是令中國市場垂涎的物品。另外，此地運往中國的木材數量也相當可觀。至於其他較次要的項目當中，有一般所稱的宣紙，其原料取自通脫木的木髓，這種小型灌木在福爾摩沙茂密的山谷裡隨處可見。宣紙的製作過程如下：將通脫木的木髓捲在大刀片上，以此切割出一張連續的紙，然後再將這張紙拉直，便可裁出一張張尺寸相同的紙張。宣紙可以用來繪畫，也可以用來製作人造花。

福爾摩沙上也有好幾種專為其纖維而栽種的植物，其中之一便是蕁麻，它可以製成強韌的亞麻布。生番也有栽種此一植物。

漢人在最富饒、水源最豐富的地區，也種植了很多芋頭來當做食物。他們將芋頭煮熟之後，像吃馬鈴薯那樣地食用。若將芋頭去皮，切成塊狀在水裡煮熟，外表會呈現出斑駁色彩，看起來很像是卡斯提拉的橄欖皂（Castile soap）。歐洲人極少食用芋頭。

漢人在土質較沙、較軟的地方，也種了很多花生。花生仁可以製成許多樣式的食品，它們算是漢人的重要甜點。花生仁也可以製成多功能的花生油。在許多地方，花生仁也是豬的主要飼料，而榨過油的花生渣也可以當做肥料。

在那些土壤貧瘠、乾燥，無法種植稻子的地區，漢人經常會種植甘薯。當收成短缺時，他們就用甘薯來替代米飯。因此，漢人會先將甘薯銼簽曬乾，以備不時之需。

飲食

福爾摩沙的漢人最常吃的蔬菜是包心白菜（headless cabbage，也叫甘藍菜）。包心白菜的葉子可用鹽醃漬，當做配飯的佐料。漢人也會食用各種竹筍。就像蘆筍那樣，竹筍必須在很嫩的時候就挖起來，老

了就無法吃了。竹筍可以煮，也可以醃漬，有許多不同的吃法。

漢人的農夫相當注意肥料的問題，因此，他們保存和使用這項必要物品的方式，值得美國的農人學習研究。這裡只要稍微提一下就可以了。由於當地缺乏家畜，所以他們主要的肥料來源是「水肥」（right soil），但他們保存、運送這些肥料的方式，對於文明人的眼睛和鼻子來說，卻是難以忍受的。

福爾摩沙的漢人最常飼養的家禽是豬和雞。我們不管走到哪裡，都可以看見有人養豬，但是豬肉並不便宜，漢人的日常飲食中很難得出現豬肉。外國人很少吃豬肉，但是漢人不僅視豬肉為上等食物，並且用豬肉來祭神。新郎官要迎娶新娘時，最好的聘禮莫過於一頭打扮得光鮮亮麗，坐在轎子上由四個轎夫抬來的肥豬了。福爾摩沙的漢人也飼養一些水牛，但水牛並不是養來吃的，而是用來耕田。黃牛也是一樣，主要是養來替人工作的。漢人很少吃牛肉，特別是這些牛隻還有工作能力時，絕對不會被人殺來吃[6]。幾乎各處的水牛肉都不好吃，咬不動，這或許是因為水牛被宰時，都已經太老了的緣故。牛奶在福爾摩沙上沒什麼價值，僅能賣給外國人。牛乳有一種油脂的味道，第一次喝的人很難喜歡。

漢人很少吃牛肉的主要原因，可能是因為他們的人口過多，根本就沒有發展畜牧業的空間。大部分的可耕之地都用來種植稻米和五穀雜糧，只剩下一點地方可以勉強豢養供犁田之用的動物。佛教徒主張

註

6. 譯按：漢人不太吃牛肉的主要原因，是因為飼養牛隻，無論是水牛或是黃牛，都是為了讓牠們來替人工作的，等牠們做了一輩子，太老而無法工作時，又來吃牠們的肉，於心不忍，尤其是農人，更是很少吃牛肉。

不殺生的觀念，可能多少也有影響，但似乎無法阻止豬兒和家禽被屠宰的命運。

福爾摩沙各階層漢人最主要的糧食是白米飯，他們每天三餐都是吃米飯，配上一些鹹魚和醬菜。特別值得注意的是，不管是什麼階層的漢人，他們的飲食都很簡單、便宜。較富裕的漢人家庭，一天所消耗的食物可能不會超過五、六分錢，較貧困的漢人家庭，可能只要三、四分錢就能度過一天。若用美國人的食材來呈現他們的飲食內容，就好像是我們每天只吃白煮小麥，加上兩、三盎司的鹹豬肉，如果是有錢一點的話，還可以再搭配一盎司的奶油。究竟這種平淡的飲食較好吃呢？還是我們美國人習慣的那種用料講究、料理不易的高度調味食物較美味呢？這實在是一個見仁見智的問題。不過，哪一種飲食方式較有益於健康，應該是顯而易見吧！以目前中國的耕作面積來看，如果他們的飲食方式也跟我們美國人一樣，那麼他們將無法養活當前人口的四分之一。

衣著

福爾摩沙漢人的服裝，跟他們中國的弟兄沒有什麼兩樣，不需要在此特別描述。至於漢人之間膚色的差異，似乎是由於不同的穿著及日曬程度所造成的。那些富貴了好幾代的漢人，他們的膚色幾乎跟歐洲的白人一樣。而那些勞力階層，特別是因為工作的緣故，必須暴露在烈日陽光之下的，由於他們大都袒胸露背，所以被曬得有如福爾摩沙的生番，或美國的印地安人那般黝黑。

來自福建的漢人婦女，沿襲著她們先人的纏足傳統，即使是勞力階層的婦女亦然。女孩子大約從七歲到十歲起就開始纏足，她們必須

將足部的大拇指纏彎，向腳跟綁起來，讓足背彎曲變形，其他的腳趾則向內彎曲萎縮。婦女的腳上經常纏著一團不雅觀的裹腳布，下面則穿著繡花鞋，漢人稱之為三寸金蓮。雖然婦女的腳部遭受如此摧殘，但貧苦人家的婦女，仍然得承擔許多勞務，經常可以看到她們痛苦地在田裡工作，或在池塘邊幫忙丈夫捕魚。

第四章　平埔番

兩支不同的原住民族

　　福爾摩沙島上形成了兩支不同的原住民族，雖然他們的語言顯示，他們最初是來自於共同的祖先。現在人數最多的一支，漢人稱之為生番，意思是尚未開化的野蠻人，目前居住在東邊的高山地區。

　　另一支原住民族，漢人用兩種名稱來稱呼他們：平埔番和熟番。平埔番指的是住在平地的原住民，熟番則是指已開化的原住民。在1870年代，平埔番是用來稱呼那些居住在台灣府附近，以及台灣府以東的原住民，而熟番則是用來稱呼那些較北邊的原住民，他們居住在彰化附近。平埔番和熟番的村落，零散地分佈在高山下的山腳地帶，但在幾處平原上，仍看得見他們的遺跡。有許多原住民因為採取了漢人征服者的語言和習俗，已經變得相當漢化，根本無法與漢人區別開來了。無疑地，他們就是1624年荷蘭人佔領福爾摩沙島時，當時居住在平原地帶的原住民的後裔。

平埔番

　　南部的平埔番已經被驅趕到貧瘠的山丘地帶，他們住在土角厝和竹林的村落中，跟貧窮的漢人沒有什麼兩樣。他們的土地不夠肥沃，

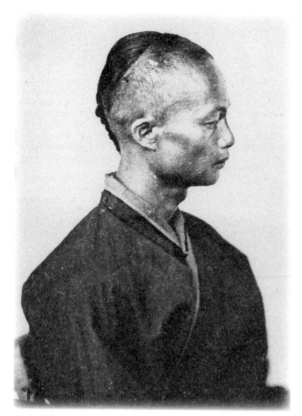

● 平埔族男子
【引自《從地面到天空 台灣在飛躍之中》】

生產的稻米有限，而且當中的大部分，得拿來支付積欠漢人的債務，因此這些番人必須依賴甘薯維生。他們仍保有一些原住民的傳統部落組織，但改講漢語，幾乎已完全忘卻祖先的語言了，只有少數的老人家還記得一點點母語。他們已放棄古老的宗教信仰——這種宗教信仰看來跟菲律賓原住民極爲相似——轉而簡陋地採用了漢人那套祭拜祖先的儀式。平埔番男人的穿著打扮，就跟極度貧窮的漢人一樣，薙髮，頭上通常裹著一條藍色的粗布頭巾，很多漢人也會這樣包著頭。平埔番女人倒是仍保持了部分古老的傳統服裝，她們上半身穿著短上衣，像菲律賓馬尼拉的婦女那樣，下半身則是寬敞的長褲，或是貼身的裙子。她們頭上也綁著藍色頭巾，但頭巾的兩端拉出來，看起來像是兩側長了翅膀。平埔番男女的體型差異頗爲奇怪：男人通常比漢人高大，但是女人卻是矮矮胖胖的，不過臉蛋非常漂亮。

● 平埔族少女【引自《從地面到天空 台灣在飛躍之中》】

● 與世無爭的平埔族【引自《從地面到天空 台灣在飛躍之中》】

他們通常沒有斜眼及漢人的其他特徵，如果有的話，也是跟漢人通婚的結果。他們膚色為紅棕色，和美國的印地安人很像，跟菲律賓的原住民和馬來人幾乎沒有差別。

在他們身上，完全看不到漢人那種節省、渴望金錢的性質。他們因為不懂得節約，至今已陷入數不清的困境當中。漢人經常借一點小錢給他們辦酒席或婚宴，然後利用這筆小錢所孳生的利息，很快地就把他們逼入絕境。即使他們現在手頭上還有那些貧瘠土地，但其實有很多人是負債累累的。幾年前，就有一群數千人的平埔番，因為被漢人債主逼得走投無路，只好離開他們的親友和家園，以人數的優勢突破高山生番的領域，最後在東部的海濱之處尋得一片居住地。不時有他們的消息傳來，他們似乎就定居在眾生番之間。或許過往的兩百年間，有更多的西部平埔番部落曾如此遷移，再加上漢人殖民者的殘暴壓榨，使得平埔番的人數銳減，以至於我們目前僅能在台灣府的東邊，看到少數零零落落的平埔番村落。

干治士的報告

歐基比（Ogilby）的《中國導覽》（*Atlas Chinensis*）一書，包含了許多荷蘭佔領福爾摩沙時期的歷史記事，其中有一則干治士（Georgius Candidius）關於福爾摩沙島上原住民的記錄。干治士是第一位荷蘭正式封立派來福爾摩沙的牧師，1627年到1631年間，他在福爾摩沙服務，以熟知當地民眾的語言和習俗而聞名。他所描述的那些原住民，可能就是當前平埔番的祖先，他們至今仍居住在古代荷蘭殖民地區的附近。干治士是個值得信賴的人，而且他的描述相當生動有趣，所以值得大篇幅地引述其中的精華。

關於這些原住民的外表，干治士是這樣描述的 ❶：

這些住民給人的第一印象，是非常野蠻而未開化。他們的男人非常高大，體格也十分健壯，比其他種族的男人高大，皮膚顏色是深棕色，就如同大多數的印度人。他們在夏天時赤身裸體。他們的女性則是矮矮胖胖的，卻很強壯，皮膚比較接近黃褐色。她們有穿著衣服。

關於原住民的打仗方式，干治士是這樣描述的 ❷：

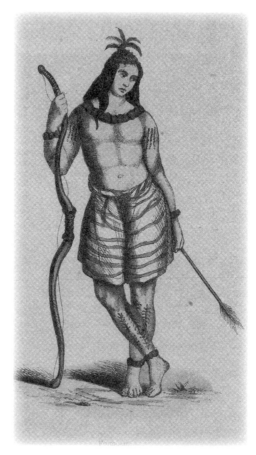

● 根據干治士的描述所想像的福爾摩沙原住民
【引自《製作福爾摩沙》】

開戰的一方，會先送給敵人一張大膽的挑戰書。緊接著，他們就派一支二十人組成的武裝隊伍，划著船前往敵方的村莊，在敵人村莊附近埋伏。等待黑夜來臨之

註
1. 原註：【這個註腳的內容遺失了】
2. 原註：【這個註腳的內容遺失了】

後，他們就從船上登陸，開始探測附近地區，選擇私人的茅屋下手，那些有影響力、已婚的家庭，就是舒適愉快地住在這些茅屋中。他們會突然衝進茅屋裡，砍下敵人的頭、手及腳來當戰利品，男女老幼都無法倖免。然而，他們準備要攻擊的村莊也不是省油的燈，通常會提高警覺，「熱烈地迎接」偷襲者。他們所用的防禦武器，是一面很大的盾牌，足以遮住整個身體，攻擊的武器則是短矛和彎形大刀。每一個取得敵人頭顱的戰士，都會把頭顱插在矛頭上，帶回家當戰利品，沿途受到村民英雄式的歡迎。每十六個屋子就有一間公廟，專門用來供奉這些血腥的戰利品。頭顱經過煮沸和清洗之後，就在頭皮上灌入烈酒。他們的慶功宴可以連續舉行十四個晝夜之久。那些成功獵取頭顱的人，極為珍視這些戰利品。

每一個小村莊本身就是一個小共和國，由十二位地方行政官（magistrate）共同治理，地方行政官每兩年改選一次。被選任為地方行政官的主要資格，就是年紀必須滿五十歲以上。當地方行政官的任期屆滿時，其太陽穴及兩側的頭髮就會拔掉，以此來標記他們曾經掌權過。地方行政官們事實上並沒有什麼權力，因為村子裡的重大事情，都是經過大家討論甚至辯論之後的結果。在討論過程中，每一個村民都有權發表自己的意見。對於地方行政官們所做的結論，村民們可以選擇接受或否決。然而，地方行政官們有強制執行宗教儀式和責任的權力。

相較於老年人，年輕人的地位很低，年輕人得尊敬老人家才行。如果年輕人在路上遇見老人家，那麼他就必須先閃到路旁，並轉過身，等老人家走過後才能繼續走。如果年輕人與老人家在講話，那麼他要等老人家講完話後才能離開。

男人二十一歲以前不可以結婚，十七歲以前不可以留長髮。除了新郎必須送聘禮到新娘的父母家之外，他們並沒有其他的婚姻儀式。在結婚的第一天之後，新郎就不可以和新娘住在同一個屋簷下，妻子照常在娘家幫忙家務，丈夫也是照常做他原來的工作。晚上的時候，丈夫可以偷偷地進妻子的房間跟她相聚，但必須在天亮之前匆匆離開。如果白天時雙方碰巧在室外相遇，那麼他們也會如同陌生人般擦身而過，除非得到妻子的允許，否則丈夫不敢上前跟她說話。妻子必須負責養育小孩，直到小孩滿二十一歲之後，才改由父親負責，並由父親來決定適當的處置方式。然而，妻子在未滿三十七歲之前，不可以當母親。有一個早婚的女性，她曾被迫毀掉十六個小孩子的生命，只因為她當時未滿三十七歲，因而不能取得母親的地位❸。丈夫到四十歲時，就告別了獨居生活，從此跟妻子住在一起度過餘生。然而，夫妻之間有時候卻只為了一點小事就鬧翻了，所以，男人有時會經常更換妻子，甚至一個月換一次。如果丈夫有正當的離婚理由，那麼他可以向妻子索回當初所送的聘禮，否則妻子仍舊能夠擁有該物。

年輕人和單身的男人（雖然已婚，仍叫單身），住在如同學院宿舍的公廨裡。這些已婚的「單身漢」要等到四十歲以後，才去跟妻子生活在一起。

在所有採用印度方式建成的房子當中，福爾摩沙原住民的房子是最為漂亮及堅固的。這些房子建在一個六英尺高（約六台尺）的堅固

註

3. 原註：這項奇怪的婚姻習俗，至今在福爾摩沙北部的生番部落裡仍舊沿襲著，參考第二部第五章關於史溫侯訪問生番的報告。

黏土地基上，牆壁的材質是蘆葦和燈芯草，它們交織鋪成，藉以強化牆壁。每棟房屋有四個門，分別開在東西南北四個方向，但是他們主要的房子有八個門。他們在門口以及屋內，擺設裝飾著雄鹿❹和各種動物的頭顱，以及其他的武器等。然而，他們最引以為傲的，還是他們親自獵取的敵人頭顱和骨頭。

他們種植稻米，但沒有使用牛、馬或任何犁具。女人負責耕耘，並做一切卑賤性的勞動。他們並不知道有大、小鐮刀，只會用刀子一棵一棵地砍下稻穗。他們也不懂脫粒，所以婦女在早上的時候，會將稻穗掛在火邊烘乾，等到晚間時再將稻子搗碎。

他們最好的衣服和飾物，都是用狗毛做的，這些狗毛是從活生生的狗身上拔下來的。他們將狗毛染成紅色及其他顏色。他們使用狗毛的方式，就像歐洲人使用羊毛那樣❺。

他們所使用的飲食器皿全是木造的，有點像是我們養豬用的那種水槽。他們用來喝酒或喝水的杯子，或是陶製的，或是取材自植物的莖節。

他們不像其他的印度居民那樣，能從樹木上取得製作葡萄酒或其他烈酒的原料，但是，他們用米所釀製的米酒一樣好喝濃烈。這種米酒是由婦女們負責製造的，其技術和過程如下：她們先把米稍微煮熟，然後搗成糊狀；之後，她們將一些米咀嚼成粉末狀，放在一個容器裡，直到相當的數量；接著，她們將這些咀嚼過的米當做酵母，與

註
4. 原註：參考第一部第二章，關於水番居所及習俗的描述。
5. 原註：關於使用這種奇怪的材料來編織衣服的習慣，讀者也可以參考本書第一部第三章，有關居住在埔社東邊生番們生活習俗的描述。

已經呈糊狀的米混合在一起，就像是麵包的麵團那樣；最後，她們再將這些混合物放進一個大容器裡，並加入水，如此存放兩個月，就成爲新製成的米酒了。在這期間，這些液體看起來像是新釀的葡萄酒。這種酒可以存放好幾年，而且越陳越香。這種酒裝在容器中的時候，上面清澈如水，但是底部則有一層泥狀沉澱物，他們會用湯匙直接食用，也可以加水稀釋後飲用。當他們到外面工作時，會帶一罐泥狀沉澱物及一瓶水隨行，以備一天之用。

　　關於他們的喪禮儀式，干治士是這樣描述的：

　　屍體陳殮二十四個小時之後，就放置在一個四英尺高的棚架上，屍體底下鋪著蘆葦和燈芯草，棚架旁邊則燃起火堆，讓屍體逐漸乾燥。此時，亡者的友人就帶著大量的酒肉來到現場。他們擊打一個用中空的樹木所製成的大鼓，用以通知死訊，於是有更多的人聚集過來，大家都帶著更多的酒來送給亡者的親屬。屋外則有跳舞儀式來表達哀傷之意，過程如下：他們把一個如箱子般的飲水槽翻過來，當做舞台，婦女們一次上來兩個，背對背站著，腳和手臂開始有韻律地舞動，她們的雙腳或踱步或踩踏，使腳下的飲水槽發出陣陣低沉的悲鳴。當第一對跳累了，就下來換另一對上去跳。這樣的守靈儀式連續進行九天。在這九天當中，亡者的屍體雖不斷用火烘乾，仍散發出陣陣的惡臭。然後，他們將屍體清洗九次，再用草蓆緊緊地捆起來，放在一個遠離風雨的平台上三年。三年之後，屍體就只剩下一堆白骨了。於是他們將這堆白骨埋在死者原先所住的屋子裡，家屬此時再一次舉行哀悼的儀式，彷彿死者才剛剛去世。

他們對病人的治療方式既不自然，而且非常荒唐可笑，甚至比魔鬼所開的處方更差勁。他們不吃任何藥物，任何的疾病都只有一種處方，即一條乾繩索，特別是在Theopan村：一旦發現有人罹病，並開始發牢騷，他們就會準備一條粗繩（而非藥物），把它套在病人的脖子上，然後用一個專為此而設置的滑輪，把病人吊上屋頂，再突然放掉繩子。大部分病人經過這種致命處方的折騰，差不多都九死一生了。說也奇怪，還是有人因為這樣的治療，病情反而好轉起來。

他們沒有文字的紀錄，一切都得依賴準確的口傳和記憶。他們特別指定某些年輕的男人，得向老一輩的人學習傳統的東西，以此來一代一代地傳承下去。他們相信，現世的不當行為會導致將來的報應和懲罰，但他們所謂的錯誤行為或罪行，是指下列這類的事情：在某些特定的日子裡沒有赤身裸體；穿著絲質的衣服；女人在三十七歲以前生孩子；在不對的季節裡捕食蛤蜊或蚵仔；沒有得到靈鳥的吉兆之前，就採取任何重大的行動等等。上述這些行為都是不可原諒的罪行。相對的，他們卻認為殺人、偷竊、說謊、背誓等罪行，在某些情況下是可以原諒的，而且一般說來，這些罪行只算是輕罪或可原諒的罪過。他們以折斷一支草來起誓。

他們相信靈魂永生，但完全不相信肉體能復活。

他們敬拜幾個神明。居於首席的善神叫作「踏馬吉三哈氣」（音譯，Tamagisanhatch），以及他的妻子「塔娜巴達葛達麗斯」（音譯，Tanakpadaagodalis），這對神明能掌控人類的命運，同時賜福於人類。然而，他們認為這位至高的統治者很怕老婆，因為她常常用越過山巔的打雷聲來吼他，責怪他沒有好好的善盡職守。他們每次聽見東方的天邊打起雷，就說是女神在責罵她老公遲遲未下雨，於是她老公就趕

快落下雨水。

居於第二高位的邪神叫作「沙利亞分」（音譯，Sariafing），這位神明在宇宙中的角色就是破壞，並惡意地毀損人類及其財產，因此人類必須經常用特殊的方式來取悅他。再其次，是他們的戰神「他拉夫喇」（音譯，Talafula）及「他拔利亞佩」（音譯，Tapaliape），這是他們在戰爭及出草時所祈求的神明。

所有的崇拜儀式都由女祭司來主持，她們被稱作尪姨（inib）。尪姨向諸神禱告、祈求，並獻上祭物。最主要的祭物是公豬頭和雄鹿頭，放置在一個大淺盤內，下面有煮熟的米飯和檳榔，旁邊則擺著獻祭用的烈酒。當獻祭儀式完成後，兩位尪姨站到會眾之前，開始以高亢激烈的音調歌頌神明。她們變得相當熾烈激情，以至於頭髮最終豎立起來，眼睛也不斷地滾動，好像要從腦袋裡跑出來似的。當這種極度迫切的懇求快結束時，她們就精神恍惚地倒臥在地，通常會整整躺上一個小時。這時，大夥兒就圍繞著尪姨，開始尖叫、嘶聲吶喊、哭泣。當尪姨甦醒時，全身透著虛汗，手足不停顫動，牙齒格格作響，神色異常不安。她們告訴旁邊的人們，在方才陷入精神恍惚之際，神靈已向她們揭示神秘之事，但為了大家好，現在還不是透露天機的時刻。這時，另外兩位尪姨就爬上廟頂，各立一端，再次向她們的神靈做高聲的漫長祈求。她們彷彿發狂般地搖手拍掌，所有的女性也跟隨這兩位放肆的榜樣，拋開所有的羞恥心，盡情地狂飲放蕩，直到她們因飲用過量而嘔吐為止。

尪姨除了在廟堂公開敬拜之外，也會在路上獻祭，同時也有私人及家庭內的敬拜儀式。當她們在自家進行每日的偶像崇拜儀式時，那些有興趣的民眾可以一起來參與。尪姨也能夠預測天氣好壞及未來吉

● 想像的原住民公廨【引自《製作福爾摩沙》】

凶等，她們似乎具備預言的能力。而且，如果未來是不利的，她們還能提供趨吉避凶的忠告。尪姨自稱能夠馴服惡靈、魔鬼，以及所有這類的壞東西。她們的驅魔儀式，便是拿著大刀在空中不斷地揮舞砍刺，發出大聲的怒嚇來助威，讓人相信她們是在與魔鬼打鬥，並將撒旦碎屍萬段。

這一切的敬拜儀式，都是起因於未開化的野蠻民族的無知及恐懼心理。近來，自從荷蘭東印度公司佔領福爾摩沙，並為了防衛及貿易目的而建立堡壘之後，這些原住民就放棄了原來的偶像崇拜，轉而信仰基督教的教義及日常生活的規範。這種轉變對這些原住民而言，並沒有多大的困難。他們自己管理自己，上面沒有更高的統治當局，所以比較容易引進基督教。

此外，他們原先的那套宗教運作，全然交由幾個瘋狂無知的女人來執行，也是較易引進基督教的原因之一。這些尪姨除了依循傳統外，一無所知，實在很難說服其他人延續原先的迷信。所以，他們當中有很多人，沒有經歷什麼困難，就擺脫了異教的信仰，成為良好的基督徒了。

從頭韻（alliterations）和其他內部證據看來，干治士的文字可能在翻譯過程中稍受損害，但無論如何，在有關古代福爾摩沙平地原住民的現存資料中，干治士的這篇記事報告可說是最為珍貴的了。

荷蘭人並沒有深入到福爾摩沙的內陸去，我們這位作者所描述的，是一群生活在沿海平原的人民，當中有著狹長的港灣和小灣，很像是現今的打狗。干治士所描述的住民，顯然比現在的平埔番和熟番更為野蠻、未開化，相當類似於盤據在高山之上的生番。如今在平埔

番和熟番間所見到的文明，很可能是始自於他們與荷蘭人的接觸，並在之後受其影響的結果。此外，他們之後可能也受到漢人的部分影響。我們至少能夠確定的是，所謂的熟番、平埔番、生番之間的區別，只是近期才出現的。

我們能夠在現存的高山生番部落裡，找到一些與上述記事相符合的怪異證據，其中的一例，便是干治士所描述的，用狗毛來做為衣服的質料一事。如今，埔社東邊山上的生番還保有這個習慣，但他們是否仍從活著的狗兒背部拔下毛，就不得而知了。

蘇格蘭人萊特的報告

在《中國導覽》當中，有另一篇描述福爾摩沙原住民的記載，作者據稱是一個叫做大衛・萊特（David Wright）的蘇格蘭人，他的寫作時間一定也是在荷蘭人統治福爾摩沙的時期。他提到一些干治士未曾描述的生活習俗，可能是他訪問了不同的部落所致。

大衛・萊特的描述如下：

福爾摩沙的男人非常高大強壯，尤其是住在平地的男人，那些住在山上的男人則比較矮小一點，而福爾摩沙的女人又比上述兩者更矮小一些。男人的臉是圓形的，沒有鬍子，他們並非天生如此，而是長出一點鬍子就趕緊刮掉所造成的。他們眼睛很大，鼻子扁平，胸部很寬，耳朵很長。他們視長耳為美，因此會穿耳洞，用獸角來刻意拉長拉寬。他們主要是在節慶，以及出現在神像面前的時候，會刻意地裝飾耳朵。有些人在耳洞裡穿入一塊圖片，上面有他們的風格所繪畫雕刻成的圖案，其他人則是穿入有色的貝殼。至於其他時候，他們的耳

● 根據萊特描述的髮型、衣著所繪製的福爾摩沙人【引自《製作福爾摩沙》】

朵並沒有裝飾，這些長耳就這樣覆蓋在鎖骨之上，幾乎下垂到裸露的胸部。他們的頭髮很長，像黑玉那般烏黑，髮型與歐洲人相似❻。他們的膚色呈黃褐色或橄欖色，並不會比黑人和白人所生下的混血兒白皙多少。台中大肚（Midug）婦女的金黃色皮膚相當明亮，塔樓社（Sootan Nouwe，即今屏東縣里港鄉塔樓村）和小琉球（Lammay）的婦女

註

6. 原註：他們的髮型可能梳成歐洲的樣式……【此註文語意不詳】

也是如此。

　　他們在夏天時穿一件寬鬆的薄棉衣，兩角綁在胸前，一隻手臂及一邊的胸膛裸露著，中間綁著束帶，帶子垂到膝蓋以下。

　　他們既沒有穿鞋子，也沒有穿襪子，但有時會在腳上綁一種羊皮製成的涼鞋或輕便鞋。冬天時，他們穿著虎、熊、豹及各種野生動物的皮衣。蕭壠（Soulang，即今台南縣佳里鎮）居民的穿著習慣跟荷蘭人很像，至今仍然知道有關荷蘭人的事。當西班牙人和荷蘭人尚未來到福爾摩沙時，他們赤身露體，只在前面繫上一塊小小的遮羞布，就像現在山上的野蠻人一樣。女人的服裝跟男人大同小異，唯一的差異，

● 根據萊特的描述而繪製的福爾摩沙婦女【引自《製作福爾摩沙》】

是她們在腿上綁著一塊破布，像綁腿一樣❼。女人通常穿著無袖的短上衣，長及腰部，腰部以下則用棉布圍著，長度過膝。她們的頭髮用一條約一碼半長的絲帶綁著，絲帶的兩端突出在外，就好像前額長了兩隻角❽。她們也不穿鞋子。女人身邊經常都跟著一頭大豬，就像我們蘇格蘭女人身旁都跟著一條狗那樣。

男人通常在胸部、背部及手臂上刺青，這些刺青象徵了偉大的勇氣，一旦紋上就洗不掉。他們的頸部掛著整串的玻璃珠，手臂上套著金屬臂鐲，直立地像個肘鎧，臂鐲是如此的狹窄，真不知道是怎樣套進去的。他們的腿上掛著白色貝殼做成的腳鐲，宛如扇形的花邊。居住在Tokdadekol（應爲今苗栗縣竹南鎮中港）的男人，會插上長竿當做裝飾：他們將長竿的一端用腰帶固定在背後，另一端則高出他們的頭部，在上面綁著一塊約兩手寬的紅色或白色旗幟。在節慶時，他們的頭上更裝飾著雞翎，手臂和腿上則綁著熊尾來慶賀。他們將鹿皮鋪在地上，做爲床和毛毯之用。

他們從不冒險下海，僅以小獨木舟在溪流中捕魚。他們善於使用弓箭，游泳和跑步更是專長。他們抽菸，但菸草來自中國，不是自己種的。他們拿細竹做煙管，在前面裝上石頭當煙斗頭。

當他們準備出征時，會取出以前的戰利品，也就是他們極爲珍惜

註

7. 原註：【這個註腳的內容遺失了】
8. 原註：平埔番的婦女至今仍穿著這類的短上衣和繫腰棉布，而且，她們頭上也仍保留著頭巾兩端往外突出，如頭上長翅膀一般的裝扮。菲律賓及其他的馬來國家的婦女，至今仍然穿著短上衣和繫腰棉布，而繫腰棉布也類似於菲律賓及馬來群島的原住民所穿的「紗籠」（sarong）。

的敵人頭顱，然後在頭顱的嘴巴裡塞滿米，對著它這樣祈求：「頭顱啊！雖然你是我的敵人，但願你的靈魂離開你的身體，跟著我們上戰場，幫助我們贏得勝仗。如果你在天之靈保佑我們打勝仗，那麼我們以後會繼續向你獻祭，並且將你視爲我們所喜愛的神明之一。」如果他們打了敗仗，並且有弟兄喪生，屍體無法帶回，那麼生還者就會非常沮喪。他們回到村落後，就會製作一個象徵物品，外觀有點像是襁褓中的嬰兒，然後他們就把它當做他們死去的弟兄，煞有介事地埋葬起來，以滿足他們的幻想。他們還會找來尪姨，請她們替死去弟兄的亡魂獻祭，讓這些亡魂不會跑去幫助敵人。

戰爭的勝負，經常取決於雙方最強人物之間的一場決鬥，勝者便贏得了戰爭。勝利者將對手的頭顱插在長矛上，回到村落後受到英雄式的歡迎，大夥兒簇擁著他，跳舞歌唱來歡慶勝利。

他們出去打仗之前，會非常迷信地觀察前一個晚上所做的夢。而且，他們也以某種叫作「哀達克」（音譯，aidak）的小鳥的歌聲和飛行方式，來判斷吉凶。如果這隻鳥遇見他們的時候，嘴裡含著一條蟲，這就代表他們絕對可以打勝仗。如果這隻鳥兒飛離或飛過他們，那麼他們就會沮喪地打道回府，等待較好的徵兆出現時再戰。他們會選出最英勇的人來擔任將領，並稱呼他爲Tmatuwa，這個人在出戰之前，一定要向神明獻祭，以祈求出師大捷。他們出戰時絕不手軟，婦女和小孩都不放過。他們也不滿足於僅僅殺掉敵人，他們還要將敵人的頭顱當做勝利品帶回村落，回家接受妻女們載歌載舞的熱烈歡迎。他們進入村落後，會用長竿子將頭顱高高掛起七天七夜，獻給他們的神明。然後將頭顱上的肉全部去除，掛在家裡當做裝飾品，就像我們歐洲人放置圖畫或雕像那樣。

他們打獵時，有時候很多人一起行動，有時候只有幾個人參加，但是每次的時間都持續十二天以上。他們主要是用弓箭和矛，也會利用陷阱和籐枝。當他們要展開獵捕之前，會先在狩獵場地蓋個臨時的獵寮，把所有武器掛在獵寮裡。他們在出發之前，會互相討論前一個晚上的夢境，也不忘觀察「哀達克」這種小鳥的預示。如果這種小鳥正面飛向他們，那就是個好預兆，他們就興高采烈地出去打獵。如果這種小鳥從他們的左邊或右邊飛過去，他們就會延後打獵的行動。他們開始打獵之前，會先向兩尊負責打獵的神明獻祭。而且，他們會從首獲的每種動物身上，取下一小塊的尾、嘴、心、腎，以此來獻祭他們的神祇。當他們結束狩獵時，會向獵寮內的神明感謝獻祭，並祈求神明讓其他前來打獵的人空手而回，不再獵得任何動物。最後，他們會把臨時搭建的獵寮拆掉，讓婦女們前來把鹿肉帶回去，她們也帶來了大量的酒，彼此狂歡豪飲慶祝一番。他們的大型獵捕行動，有時候能夠獵得八百、一千甚至兩千頭鹿。通常他們把鹿肉用鹽巴醃漬風乾，儲存起來以備日後之用。

大衛・萊特在上引的敘述中，提到了小琉球的居民，因此他所觀察的對象，可能是居住在打狗以南的部落。我們曾匆匆地探訪過高山地區的生番部落，他們當中顯然還保留著很多大衛・萊特所描述的習俗。

第五章　熟番及生番

熟番

　　當我們往北邊走時，會發現另一支原住民，他們跟平埔番很相似，而且兩者的遭遇也都相同，原先都是居住在沿海肥沃的土地❶，後來則被漢人驅趕到山腳下。漢人稱呼他們為熟番，意思是「開化的野蠻人」。截至目前為止，我們並沒有發現他們跟荷蘭人交往的任何痕跡，很可能是當年荷蘭人的統治範圍，並沒有延伸到他們所居住的地帶吧！他們的語言，雖然跟平埔番屬於同一個語系，卻很不一樣，顯得比較粗魯而沒有修飾。他們仍然使用自己的語言來彼此溝通，但大多會講漢語。

　　相對於平埔番，漢人加諸在熟番身上的控制和管轄少了許多。那些尚未歸順基督教的熟番，仍舊保留著偶像崇拜的習俗。他們原先居住在彰化附近，現在彰化的東邊和北邊的山腳下，仍還有些熟番的村落。大約二十年前❷，一大群熟番開始往東邊的生番地帶遷移，他們大約走了兩天，然後在一個稱作埔社的大型山谷定居下來，總共有數

> **註**
> 1. 校註：沒有證據顯示熟番（巴宰族）曾居住在西海岸一帶，他們生活在台灣中西部的內陸平原上。

千人之多。這就是我們如今所看到的熟番的大本營了。這些熟番跟蘇澳灣的噶瑪蘭人（Kavalan），似乎是屬於同一個種族❸，至今他們之間仍透過信差保持著某種聯繫。

史溫侯的記事報告

　　時任英國駐福爾摩沙領事的史溫侯先生，曾訪問過蘇澳灣，他對當地的噶瑪蘭人有如下的描述❹：

　　1857年，當我們搭乘英國海軍船艦「堅固不屈號」（Inflexible）環繞福爾摩沙島途中，曾進入過蘇澳港，那裡似乎是漢人在福爾摩沙東部的管轄邊界。我們在蘇澳港左邊的一個小海灣處，發現了一個熟番的小村莊。在這小村莊裡，有些男人披頭散髮，但不少較年輕的男人已剃了漢人的髮型。他們的皮膚比漢人黑，面容看起來像馬來人。至於女人的皮膚，有些是棕色，有些較淺，而且很多人具有歐洲人的容貌。一些人穿著外套，或某種披過肩的衣服，但是大多數人幾乎都是赤裸的，只是在腰部用布帶繫著一塊遮羞布。她們的長髮飄散，額

註

2. 校註：根據中國的歷史資料，一些熟番（即巴宰族）是在1823年開始遷移到埔社（即埔里）的。換句話說，他們開始遷移的時間，比本書作者史蒂瑞先生1873年的造訪，整整早了五十年。

3. 校註：所有的福爾摩沙原住民，包括各種平地和高山族群，全都是屬於南島語族。然而，並沒有語言學上的證據可以證明，同屬於平地族群的熟番（巴宰族）與噶瑪蘭，兩者之間存在更緊密的關聯性。

4. 原註：參考史溫侯先生1873年8月在不列顛協會（British Association）朗誦的〈福爾摩沙記事〉（"Notes on Formosa"）一文。

● 「堅固不屈號」在東海岸遭原住民攻擊【2009/8/18引自http://academic.reed.edu/formosa/gallery/
image_pages/Other/Blakeney_savge_attck_S.html】

頭上綁著一條白色或紅色的束髮帶。當地的居民大都抽煙斗，或形狀
類似雪茄的煙草捲。

　　他們當中有一人略通漢語，我們就請他來做翻譯。當我們問及他
們的起源時，他們只知道自己是土地所生的。他們甚至不曉得自己的
年齡，因為他們並沒有計算的方法。他們不是漢人所謂的生番或野蠻
人，他們跟我們這些外國人一樣，被稱作「番仔」（Whanah）。

　　他們似乎和漢人一樣，非常懼怕山上的生番。

　　他們建造房屋及生活的模式，比較類似漢人，與我們幾天之前才
看過的嗜血生番，有很大的不同。我想，很難在其他地方找到比他們
更加安靜、溫和的族群了。他們從來沒有看過外國汽船，因此當天下
午，他們成群結隊地跑來參觀我們的汽船。當地的男女划著尖頭快速
帆船或獨木舟，繞著我們的汽船轉啊轉，口中還吟唱著極度怪異的曲
調。

　　我們從蘇澳港稍微北上，然後沿著海圖上標誌爲加禮宛河（Kalewan）的波羅辛宛河（Polosinnawan，即今冬山河）而上，在河岸旁發現了幾個噶瑪蘭人（Komalans）的村莊。他們非常有禮且善良，並帶著我們去參觀他們的住所。他們的房子隱蔽安居在樹林之間，離地而建，底下以木樁撐起，主要的建築材料都是木頭，屋頂用茅草鋪蓋，屋內則鋪有地板。

　　這些人是由本族的頭人所統治，而這些頭人又必須向利澤簡（Le-tuk-kan，即今宜蘭縣五結鄉利澤簡）的漢人官員負責。利澤簡是主要的漢人村莊，位在更上游的地方。這些深膚色的族人的情況，看起來似乎比蘇澳灣地區的族人要好一些。然而，當我們更往上游時，遇見了幾群模樣非常悲慘的噶瑪蘭人，他們又髒又可憐，四處遊蕩，像乞丐般依賴施捨而生。漢人用盡一切方法來剝奪他們的土地，然後毫不留情地把他們成群趕走。這些可憐人是噶瑪蘭平原上的少數族群，在快速湧入的漢人篡奪者的壓迫下，過不了多久，他們必將完全銷聲匿跡。

　　當地婦女的髮型，是先用紅線在頭髮上繞縈三、四圈，再覆上一個綠色匍匐植物編成的花環，看起來整齊俐落。

　　她們在耳朵上穿了幾個洞，每個耳洞裡都掛著五、六個白色金屬耳環，這種耳環很薄，直徑約兩英寸左右。她們的耳朵雖垂掛了相當多的耳環，但並不難看。他們在屋門口上掛了鹿、山豬及各種野生動物的頭，裡面的牆壁則掛著弓和沒有羽毛的箭。在他們過去獨立自主的美好時光裡，這些武器顯然至關緊要，所以他們至今都捨不得丟棄。

　　蘇澳灣和波羅辛宛河的原住民，稱呼自己爲噶瑪蘭人（Komalan，

or Kapalan），因此漢人就用這個名字，來命名福爾摩沙東部那塊曾經
屬於噶瑪蘭人的地區。

生番

　　福爾摩沙的原住民除了平埔番和熟番之外，還有另一個重要分
支，即漢人所稱的生番或野蠻人。

　　幾乎所有的高山地區都是生番的地盤，他們差不多控制了半個福
爾摩沙。生番似乎是由許多各自獨立的部落和族群所構成的，他們所
說的語言不一樣，所遵循的習俗也有差別。但是，跟平地的原住民比
起來，他們的人數同樣都很少，而且，他們大都有刺青的習俗，但每
個部落都有他們自己獨特的刺青圖案。他們靠打獵和農耕維生。他們
在陡峭的山坡上種植甘薯，以及不需要灌溉的旱稻。他們使用掘棒來
耕作，並且以石頭和雜草築起粗糙的梯田，防止雨水將他們的土壤和
收成沖毀。

　　生番都有保存敵人頭顱的習俗，這跟很多其他的馬來族是一樣
的。他們相當珍視這些頭顱，用它們來裝飾部落和房屋。頭顱不分男
女老幼，他們一律割取，這點就跟婆羅洲的迪雅克族不同，因為後者
只保存敵人戰士的頭顱。在生番與漢人的邊界處，總是不斷地爆發小
規模的戰鬥，差不多一年到頭都有流血事件發生。這些生番究竟如何
管理運作他們內部的事務，以及他們內部的族群分佈範圍和人數等問
題，外界所知非常有限。那些靠近漢人地盤的生番，尤其痛恨漢人，
因為漢人總是不斷地入侵他們的土地。但生番各部落之間也相互交
戰，而且，他們之間的爭鬥和戰爭，可能也隨著漢人的入侵而遽增，
因為漢人會把一個部落的人驅趕到另一個部落的地盤上，因而間接加

深了部落間的仇恨。

史溫侯的實地訪問

史溫侯先生在淡水任職領事期間，曾訪問福爾摩沙北部的生番，並做了如下的記事報告❺：

我將領事館遷到福爾摩沙西北岸的淡水河畔之後，就開始想方設法，打算一探生番部落。從我的住處到生番地盤的山腳下，大約是三十英里（約五十公里）。我知道生番們會定期下山來拜訪一位通事（通譯），在那裡以物易物，所以我就先派遣一位漢籍僕人，讓他幫我在那位通事的小屋附近租間住所。

1862年4月19日，我在大太陽下走了一整天，大概有二十五英里（約四十公里）的路程，風塵僕僕地來到我那間位於河畔的租屋。從此處坐船往下，只需要花費比半天多一點的時間，就能回到領事館，但若要乘船往上溯，因為沿途有多處的急流，對我而言實在是太漫長乏味了。

第二天一大早，我們就朝著正東的方向出發，準備前往奎輝社（Kroeinigs，即今桃園縣復興鄉奎輝社）的領域。較近處的山丘一片光禿，上面的樹木已被砍伐殆盡，但遠方隱約可見灌木叢生的山脈。我們行過乾枯的河道，從渡口處過河。對岸的山丘相當陡峭，垂直地切到河邊，在一旁蔚藍河水的映照下，我們還以為山腳已伸進了河裡。

註

5. 原註：參考史溫侯的〈福爾摩沙民族學記事〉（"Notes on Ethnology of Formosa"），1863年8月在不列顛協會朗誦發表。

旁邊有一塊美麗的林間空地，上頭茂密的常青樹，庇蔭了底下幾間舒適愜意的茅屋。我們沿著茅屋旁邊的山路蜿蜒而上，來到被夷平的山頂，在那裡穿過一排排漂亮的茶樹，然後往下來到一個漢人的村莊。這個村莊是我們此行東進途中，漢人的最後一塊地盤，再過去就是生番的領域了。住在這個村莊的漢人，主要是務農，其中有些居民頗富裕。我們沿右邊那條蜿蜒的河流，走了大約一英里半（約二點四公里），抵達了通事的住處。

　那是一棟狹長的簡陋小屋，由泥土和石頭砌成，孤獨地座落在山中。裡面有兩個房間，第一個房間內擺著一張污穢的桌子，第二個房間內則放了一張老舊的髒床。外面的房間燃燒著熊熊柴火，屋內充滿了煙霧。這位通事是個草莽的漢人，他領著我們走進裡面的房間。房間內已經擠了一些漢人，我們發現有兩個生番正坐在床上。真是場奇特的聚會！這兩個生番一看到我們，立刻站了起來，很驚訝地注視我們，但沒有害怕的樣子。通事告訴他們說，我們是外國番，跟他們一

● 山中小屋【2009/8/18引自http://academic.reed.edu/formosa/gallery/image_pages/Thomson/Hutte_S.html】

樣是「番仔」，並且說我們是專程來拜訪他們的。於是這兩個生番又坐下來，對我們仔細端詳，並跟我們交換煙斗。他們對我們的槍枝讚譽有加，想趕快出去瞧瞧它的威力。我們趁機記下他們所說的許多詞彙，並交談了一下子，就跟著他們到外頭去了。

那個年紀較大的生番跑到一段距離之外，豎起了一塊木板來當靶，並把一片樹葉放在中間充當靶心。我開了幾槍，說也奇怪，雖然槍槍都在靶心附近，竟然沒有一槍正中靶心。那生番笑了，隨即拿起他那把裝有彈丸的中國製火繩槍，在跟我相同距離的地方準備射擊。他的射擊姿勢跟漢人一樣，是從手肘處放槍的。他射中了靶，離靶心只有九英寸。他與靶的距離大約是四十碼（約三十六公尺），那塊充做靶的木板有三英寸厚，但他所發射的子彈貫穿了木板。我接著再裝上子彈，並加長了一倍的距離（約七十二公尺），然後舉槍射擊。我這一次全部命中了靶，令生番頗為驚訝，但他對我的「嚇破牌」（Sharpe）來福槍從後膛裝子彈更感興趣。我為了向他們展示這把槍的射程，便在河岸邊舉槍射擊，子彈濺起了遙遠處的一團水花，令生番和漢人不約而同地尖聲驚叫起來。他們羨煞這把來福槍的神奇功能，想要用東西來交換。他們也非常喜愛我那把後膛裝彈的手槍，但扳機對他們來說卻太緊，很難拉動。當我把錶展示給他們看時，他們對這個小東西也嘖嘖稱奇，連連喊叫「極斯、極斯」（kis-kis）。於是他們稱呼我為「太勇」（Tyon），這句話可能來自馬來語「突翁」（Tuon），意思是「先生」，或者是漢人稱呼的「大人」（Taijin），即「閣下」之意。

當天稍後，有幾位抱著小孩的婦女，以及一位長相俊俏的年輕男人來看我們。不久之後，又出現了一個年長的男人，他滿頭大汗地帶

來了一隻漂亮雄鹿的頭、頸及部分的鹿背。這個老人的皮膚黝黑，滿是皺紋，頭髮很短，能講一點漢語。那個年輕男人和婦女的膚色都比一般的漢人淡，呈栗色，而非黃色。他們有很多馬來人的外表特徵，眼睛和鼻子都長得很好看。

所有人在前額處都刺上了三組短紋，刺青的皮膚隆起，呈藍色，但那老人的刺青幾乎已經褪色了。這三組短額紋是上下排列的，每一組短紋看起來像是個緊密的長方形，第一組和第三組皆由八條短紋構成，中間那組則只有六條短紋。他們是用針和墨汁來刺青，年輕人在十六歲時刺青。當年輕人到達這個年紀，並已獵取過敵人的頭顱，得

●黥面的泰雅族男子【引自《台灣回想》】

●黥面的泰雅族女子【引自《台灣回想》】

到娶老婆的資格後，才能在下唇底下刺上一組由八條紋線所組成的方形刺青。有一位長髮中分的十六歲少年，由於下巴處沒有刺青，背後還用一條白色貝珠鍊子鬆鬆地繫住頭髮，這條鍊子並在頭上繞了一圈，我便問說他是不是女人，結果他聽了非常憤慨，不斷地用手掌拍打自己的後腦，用以表達不滿。當女人結婚後，她們兩耳之間的臉龐上，就會刺上如下的紋線：最上面是三條簡單的紋線，下面是一連串的X形條紋，這些X形條紋夾在兩條紋線之間，接下來是兩條紋線，以及一串X形條紋，最下面則是四條簡單紋線。

我們的通事娶了一個生番老婆，她的穿著跟一般的漢人婦女差不多，看起來的確像個很醜的廈門女人，唯一不同的是臉上有刺青。對此，我們的嚮導也發表了評論，值得在此記下。他說，她看起來真的很像「女人」，實在很難相信她是個番婆。這對有趣的夫婦育有兩個小孩，一男一女，兩個都像漢人，連眼睛也像。

●原住民女子的耳飾【引自《台灣懷舊》】

　　生番的男人蹲在髒亂的桌旁抽煙閒聊，女人則在牆角下排成一列，照顧她們的小孩，這些小孩大都用一塊髒布繫在她們的身體前方。生番不分男女，看起來都非常骯髒。男人的腿部和手臂上都塗抹了鹿血，用來預防被荊棘刺傷。當天氣逐漸變熱的時候，男人就乾脆把他們身上的格子披肩脫下，相當程度地裸露出下半身來，根本不在意有女性在場。他們脖子上都帶著項鍊，那是用磨平切方的白色貝殼所串成的。除此之外，有些人的脖子上還戴了藍、紅、黃等色的串珠，用來繫住煙袋、火藥袋（gun primer）等配備。每個人的耳朵上都穿了一個大耳洞，耳洞內通常塞入一塊半英寸厚的小木片。有個漂亮女孩標新立異，在耳朵上塞入一隻裝飾過的木枝，木枝前面還有一串流蘇。他們也以一小串的藍、紅、白色的串珠，將三角形的白色扁平貝殼垂飾懸掛在耳朵下方。有些人的項鍊上還掛了幾束黃色的流蘇，應該是護身符之類的東西，看起來髒髒的。他們手臂下側揹一個精緻的袋子，袋子的肩帶是用雜色的布帶做的。

　　他們身上只攜帶了刀和火繩槍，那是他們跟漢人以物易物得來的。男人抽完煙之後，就去蹲在女人旁邊，在那裡彼此傳遞喝著一碗碗經稀釋、土名叫做Waokiape的酒，那是一種特殊的中國甜酒，由甘薯和米所釀成。我為了能夠仔細觀察他們，就去蹲在他們之間，不料有個生番伸手勾在我的肩膀上，把我的臉拉過去貼在他的臉，然後高高地舉起他手中的碗，想要將碗中的酒一起倒進我倆的口中。當他發現我抗拒時，就改去拉隔壁的同伴，倆人一起用這種親密姿勢來喝酒。他每口酒都挽著其他男性同伴一道喝。等到酒精發作之後，他就開始大聲喧鬧地講起話來。這些生番很想知道，漢人是不是請我們帶著好槍來消滅他們。他們很想得到我們身上的任何槍枝，但是有位婦

●原住民習慣與人共飲，用以表示親善【引自《台灣懷舊》】

女建議說，只要取得來福槍就可以了。他們問我們來自何處，我們說
來自中國，他們就說也想要去中國看看，這番話引起在場漢人的一陣
大笑。那裡的漢人大都會說一點生番的語言，有些人還跟生番維持良
好的關係，因為他們就住在生番領域的山腳下，彼此之間經常有所往
來。

　　當有人死亡時，生番就會替亡者穿上格子衣或包裹布，然後埋葬
起來，上面既不建墓碑，也不點香祭拜，只是種上幾棵樹。對漢人來
說，生番們沒有舉行喪禮的儀式，就像他們不穿褲子那樣，都是「野
蠻人」的明證。

　　通譯的老婆領著我們，渡河到彼岸看漂亮的樟樹，但她又擔心這
個酒醉後變得越來越放肆的生番也要跟去，所以就催促我們趕快離

開。這個醉醺醺的生番輕拍我的腦袋，要我發誓跟他友誼長存，他說我們是屬於同一類人，應該要站在同一陣線，聯合起來把那些剃頭的混蛋漢人趕出這塊土地。我很想見見他們的頭目，但是他們說要請他出來，得花上四天的時間，而且還要花十五塊錢來擺宴款待才行。我不在乎十五塊錢，但是要等上四天，實在沒辦法。

● 奎輝族的幾位頭目【2009/8/18引自http://academic.reed.edu/formosa/gallery/image_pages/Other/swinhoe-nativechiefs_S.html】

相對於他們廣闊的領域，這個生番族群的總人數似乎相當稀少。據說他們只有七個「社」（seah）或部落，每個部落裡只有三、四百人，由四個大頭目和幾個小頭目來掌管。由於酒的引進，以及其他的不明原因，他們的人數似乎越來越少。再加上漢人移民者不斷地湧入，並持續推進其領域，我們不禁

猜測，可能不必幾個世紀的時間，這些生番就會遭受滅種的危機。漢人信誓旦旦地宣稱，在下一個世紀❻一定能夠目睹這些生番的滅絕，但我覺得這種話可能說得太快也太滿了❼。離我們最近的一個頭目，住在「義興社」（音譯，Geehing sear），被尊稱為「拜侯八爺」（音譯，Paihopayet），據說要走兩天才能到達。再過去一點的部落叫做「東社」（音譯，Tung sear），是由一個叫做「尤必那但」（音譯，Yewbinahtan）的頭目所掌管的。

這些生番們種植旱稻、甘薯和煙草，但是他們日常所食用的，大部分是與漢人交易得來的。他們用手抓東西來吃，即使事先把手上的污穢血跡洗掉，仍舊不夠衛生。他們額頭上的刺青叫作「鯉和伊」（Lehoey），而下巴處由八條線所組成的方形刺青叫作「駱拜」（Robai）。有些女人在膝蓋以下穿著一塊短布來充當長內褲，並用粗線上下紮緊。已婚婦女會纏上藍色的頭巾，頭巾裡面則塞入她們的煙斗，未婚的少女則將煙斗插在頭髮上。男女的頭髮都在中央稍微分邊，大部分人還會飾以一圈彩珠，並在後面綁成結。

註

6. 譯按：史溫侯領事造訪的時間是1862年，因此所謂下一個世紀，指的必定是二十世紀。

7. 原註：只要漢人能繼續佔有他們目前的土地，並保持他們現在的個性，則生番依然可以掌控福爾摩沙的高山地區。漢人並沒有發動普遍的持續行動來驅趕生番，只有個別的漢人被貪婪所驅使，在各地進行零星的侵占行為。雖然過去原住民很容易從平地上被逐離，但是現在高山和岩石已是他們的天然屏障。

　　中國大陸中心地帶的山區，仍有一些原住民部族保持著獨立自主的生活，中國人統稱這些人為「苗子」（Miautze）。

● 一群奎輝族人
【2009/8/18引自http://academic.reed.edu/formosa/gallery/image_pages/Other/Swinhoe-natives_S.html】

　　那位最漂亮的少女很喜歡我身上的紅色絲質腰帶，我就把腰帶解下來，綁在她的腰上當做禮物。她看起來很害羞，我親自為她繫上腰帶的行為，更讓她頓時臉紅，尤其她還看到了旁邊族人的大笑與耳語。她戴著腰帶，在族人的羨慕眼光中展示了一會兒，便走到河邊把它卸下來洗一洗，然後掛起來晾乾。她帶來幾條自織的雜色彩帶，要我選一條當做她回報我的禮物。在場的漢人笑我傻，因為我的絲質腰帶價值五銀元，而她的彩帶不值幾百錢。之後無論我走到何處，這個絲質腰帶換取棉麻彩帶的故事，總是被人們轉述著。

　　這條蜿蜒在山丘之間的河流頗深，流動頗緩，但中間有多處急流，大約每隔一英里，便可看見由漢人所操作的擺渡船。我們所抵

達的位置，河面有四十碼寬（約三十七公尺），正是「漢番交界之
處」，一邊是生番盤據的莽莽高山，另一邊則是「人」[8]所居住的光
禿山丘。我們渡到彼岸後，發現山腳邊有幾畝平坦的田地。原來有幾
位積極進取的漢人開墾了這些田地，並在此建築了小木屋。生番將第
一排山丘視爲共有的領域，除了那些經特別允許，得以逗留在當地小
屋的人之外，任何闖入者均會被附近埋伏的生番以火繩槍驅逐。

　　生番要打獵或出草時，相當依賴某種特殊小鳥的指示。這種小鳥
若是顯示吉訊，他們就跟著小鳥前進，並在小鳥停下來的地方掩身埋
伏，在那裡等待動靜。但在春天這個獵捕鹿兒的季節，他們實際上採
取的是圍獵方式，即眾人先圍成大圈圈，然後發出擊打聲，逐步進逼
被圍困的獵物。他們興致勃勃地逐鹿一整個春天，就是爲了要取得鹿
茸，那是可用來和漢人以物易物的商品。被獵捕的鹿隻當中，較多是
屬於無斑點的水鹿（Cervus swinhoii）[9]，牠們生長的海拔通常低於有
斑點的梅花鹿（Cervus Taiwanus）。

　　我取得了生番男女在日常及慶典時所穿的衣物，並都帶回了英
國。頭目的衣服比一般番人更加華麗，是他們用大麻、芭蕉纖維及某
些不知名的樹木纖維，以手工編織而成的。至於當中的紅、藍線，則
是拆解自歐洲的羊毛織品，這些織品是他們從漢人那邊交易得來的。
當族裡有祭神、慶典和婚禮時，他們就會穿著比較華麗的服裝。他們

註
8. 原註：在中國人的心目中，除了他們自己之外，其他民族都是野蠻人或「番」。
　　這個用語習慣曾列爲外交討論的議題，也曾達成了幾項協議，但沒什麼實際結
　　果。
9. 譯按：這種鹿隻也叫史溫侯鹿，是用史溫侯（Swinhoe）的姓氏來命名的。

● 泰雅族的男裝【引自《台灣回想》】

● 泰雅族的女裝【引自《台灣回想》】

的婚禮過程如下：全部落的人聚集在新娘父親家的門口，在這個時候，新郎拿出賦予他結婚資格的戰利品——敵人的頭顱，將它獻給新娘，新娘則將烈酒與腦漿相混，把頭顱當做愛杯，傳遞給所有來參加婚禮的族人同胞，由酋長開始喝，最後才傳到新郎手中。婚禮之後，新娘仍舊住在原來的家，直到她三十六歲時，才會和丈夫住在一起。在那之前，她雖然是一個妻子，但尚未能夠取得成熟婦女（matron）的地位。這是我從在場的漢人那裡聽來的，我發現這些描述，跟荷蘭人所記錄的福爾摩沙原住民的部落習俗相吻合，所以當中應該有些真實成分吧！

我的漢人隨從跟我說了一個悲慘的故事。幾年前，他的某個親戚全家均遭生番殺害，只有一個小女孩倖免，被生番帶去扶養。這個小女孩現在長大了。他曾經見過她，發現她已經變成道道地地的生番，並跟其他生番一樣憎恨漢人。

有許多漢人爲了逃避法律的制裁，經常逃到山區，與生番一起生活，久而久之，他們便採取了生番的習俗，變成道地的生番。也有一些嚮往森林裡無拘無束生活的男孩，甚至是女孩，選擇離開父母，加入生番的行列。

「歸興社」（音譯，Kwesings）的住屋，是用籐條將樹皮和粗糙的木板綁緊，然後在上面用棕櫚葉來鋪蓋屋頂。重活和揹負的工作，多由老人和婦女來承擔，年輕力壯的男人主要是負責打獵。田園裡的耕耘工作，也多是由女人來負責。

漢人用米、糖、鴉片渣（opium, refuse）、歐洲布料、火繩槍、彈藥、串珠等東西，來換取生番的鹿茸、獸皮、鹿肉、纖維布料、麻線、草蓆及籃子等。

第六章　福爾摩沙上的宣教事業

台灣府的宣教據點

　　基督教在福爾摩沙南部的傳教工作，是由英國長老教會所負責，他們在汕頭和廈門也都設有傳教據點。1865年，醫療傳教士馬雅各醫生從廈門來到福爾摩沙，開創了英國長老教會在這個島嶼上的傳教事業。根據報告資料，馬雅各醫生也從中國大陸帶來了幾位皈依基督教的漢人助手。他把傳教據點設在台灣府，即福爾摩沙上的首府。一開始，他只在漢人之間傳教。

　　有一段時期，他的醫療傳道不但進展無多，而且在1868年那個多事之秋，更遭受到中國官員和上層漢人的眾多迫害。原先他開了一間小型的傳教醫院，替人看病，而且免費施藥，但漢人卻控告他殺害病患，並且挖下病人的眼睛來製藥。漢人甚至謠傳，馬雅各醫生把屍骨埋在傳道所的地底下，於是糾集群眾前去取挖，用以證明他們所言為真。最後，他的傳道所遭到燒毀，幾個漢人基督徒被殺害，其他的信徒則遭暴徒襲擊，房子也被搶劫一空。

　　大約在這段期間，李麻先生和他的夫人在打狗建立了傳教據點。不久之後，甘為霖先生及德馬太醫生先後抵達台灣府，而馬雅各醫生

則因病返回英國休養。

平埔番間的宣教

　　馬雅各醫生待在福爾摩沙的後半時期，因緣際會地接觸到了平埔番。他發現，平埔番很容易接受基督教的信仰，這或許是因爲在他們當中，仍保存了當初荷蘭人所遺留下來的基督教信仰和傳統，也可能是因爲他們很討厭漢人的緣故。平埔番傳統的偶像崇拜儀式，似乎已被一種原始的祭祖儀式所取代，那是他們從漢人那邊學來的。

　　初期的傳教過程頗爲順利，有一陣子看來，似乎全部的平埔番人都要皈依基督教信仰了，當時有過一天受洗六、七十個人的情況。但當我在1873年來到福爾摩沙時，平埔番間的傳教事工卻幾乎停滯了，究其原因，有幾點值得注意。第一，馬雅各醫生回國之後，那些接替的傳教士，他們本身的漢語不夠好，無法用最佳的方式來服務當地的教會，只好過度依賴於當地的漢人助手，但那些漢人經常是不值得相信的，當中有少數還是相當惡劣的。另外，大部分漢人助手的訓練也遠遠不足，無法擔當起傳道的重責大任。第二，平埔番起初之所以接受基督教，無疑有很大的原因是期待這些傳教士能夠改善他們的經濟生活，以及政治上的困境。所以，當他們發現信教之後，仍然得在冷酷無情的漢人主人的欺壓剝削下辛苦工作，一些人的信仰就冷卻下來了。第三，由於傳道區變得越來越大，使得傳教士久久才能去探訪一次各地的教會，其餘的時間，僅能交由漢人助手一手包辦。儘管有上述的不利情況，但我們仍有理由相信，只要有足夠的傳教士能在台灣府東邊的平埔番當中傳教，這些平埔番不久將全部變成基督徒。而且，透過這些平埔番的協助，基督教也能傳播給他們那些遷移到東

部、居住在生番之間的弟兄，這批弟兄約有數千人之多。

目前，三、四個平埔番村莊內建有教會，信徒的總人數在四、五百人左右。這些信徒有時會捐一點錢來幫忙推動傳教的事業，但大部分的經費仍舊來自英國母會。有教會的地方就設有學校，由當地的助手或傳道人兼任學校的教師❶。這些位於平埔番和熟番之間的學校，用羅馬字母拼音來讀寫河洛話，至於平上去入的音調高低，則以記號注在字母上面。

就世俗面向來看，平埔番的前景可謂非常黯淡。他們連手頭上所僅有的小塊貧瘠土地，也都已拿去向漢人借貸，他們辛苦工作的絕大部分所得，都得用來償還高利貸。這些人似乎永遠無法付清債務，他們唯一的解脫之道，似乎就是跟隨其他族人同胞的腳步，捨棄原本的家園和債務，集體遷移到生番的領域。然而這種遷移非同小可，相當艱苦，因為他們必須奪取生番的領地，置身在可怕的生番敵人的威脅之中。

天主教和基督教的傳教士，兩者之間並沒有交情，他們的本土信徒之間也沒有來往。在這種各自發展的情形下，終究會出現問題的。

在我訪問福爾摩沙時，台灣府的教會似乎是該傳教區內唯一的漢人教會，它看來相當堅強，呈現了蓬勃成長的狀態。有一位叫做文長老的漢人基督徒，在這裡協助傳教士的工作，他最初是跟著馬雅各醫生從中國來的。文長老並沒有經常外出旅行，而是在傳教士到外傳教牧會時，負責看守台灣府的教會。這個長者看起來像是好人，而且，

註
1. 譯按：教堂本身的建築及其空間和設備就能充當學校，並不是另外蓋一所學校。

據傳教士的說法,他並沒有一般漢人貪財狡猾的習性,的確是個好基督徒。

熟番宣教的開始

1869年或1870年,就在馬雅各醫生返回英國之前,熟番之間的傳教工作開始啓動了。這件事的開端相當奇妙。有一個名叫老開山(Old Kisanhia)❷的熟番獵人,他的臉頰生了一處潰瘍,聽說台灣府有個地方能夠免費治療他的潰瘍,於是他就和兩、三個朋友一起

● 台灣府的宣教醫院
【2009/8/18引自http://academic.reed.edu/formosa/gallery/image_pages/Missionary/mar1878_S.html】

註
2. 譯按:全名為潘開山武干,為埔里地區之首信者。

下山，走了一百多英里（約兩百公里）路。某一天，他抵達了這家醫院，並接受了治療。因為他會講漢語，穿著也跟一般貧窮的漢人相同，所以馬雅各醫生起初似乎不知道他是原住民，像一般人那樣給予他治療。後來他的潰瘍好了，醫院照例送給他一本漢文聖經，看著他啟程回家。

　　醫院對他並沒有更多的期待，料想他會像大多數的病患那樣，來醫院接受診治後，從此就沒有下文。然而幾個月之後，台灣府的醫院卻聽到傳言，說北邊的某處，有一群人在敬拜真神上帝，並希望能有老師來指導他們。於是馬雅各醫生，以及兩個新來的傳教士，就從台灣府出發，準備前去拜訪這些人。他們取道彰化，沿著河流往埔社的方向前進，但正好遇上大雨季節，他們雖冒著生命的危險，仍無法抵達目的地，只好敗興而歸。第二年夏天，他們又前往拜訪，這一次他們如願以償，終於到達了埔社。他們發現開山已經聚集了一群約五十人的親友團，大家都放棄了偶像崇拜，轉而研讀聖經，並且守「安息日」❸。因為老開山返回埔社時，將日期記快了一天，所以他們守的「安息日」便是禮拜六。

　　不但埔社山谷的居民渴望聽聞「福音」，連開山在回家途中所經過的彰化附近的熟番村落，也都被喚起，同樣希望能有老師來教導他們。傳教士們盡一切努力來服務這片新開拓的領域，他們派遣了幾個年輕人到那裡擔任助手和教師，並且興建學校，用羅馬拼音來教導當

註

3. 譯按：根據《舊約聖經》〈創世記〉，上帝創造天地及人類，總共花了六天六夜，第七天上帝已大功告成，就休息了，並且要人類守之為安息日。猶太人把每星期的第一天定為星期日，於是第七日就是星期六。

地的熟番。在我訪問福爾摩沙期間，熟番之間共有五間教會，將近三百位信徒，以及一千名左右的慕道友，他們受到基督教極大的影響，已經放棄了偶像敬拜儀式，轉而來參加基督教的禮拜。

我們有足夠的理由相信，只要得到適當的協助，這群為數五、六千人的熟番，將全數皈依基督教，但前提是，必須要有一個傳教士長期駐紮在埔社才行。以目前的情況來看，從台灣府到埔社這趟費時五、六天的旅程，不僅交通困難、耗費開支，中間還得經過一片蠻荒的領域，因此傳教士每年只能前來拜訪一、兩次，大部分的工作都得交由本地的助手來打理。但即使存在上述的困難，當地基督徒的人數依舊在穩定地增加當中。我參加過他們的聚會，看過他們在閱讀或聆聽聖經時，臉龐上所展現的熱切誠摯，聽過他們的禱告聲被淚水和抽噎所打斷，感受過他們在吟唱聖歌時，歌聲中所展現的鼓舞歡欣，這些體驗都讓我深信，當地的基督教事工確實是真誠不虛的。

打狗的宣教

在李庥先生的帶領下，打狗傳道區的信徒清一色是漢人。在1873年，打狗傳教區內已經設立了十三個教會，分佈在打狗附近的村落，以及打狗以南一段距離的地方。打狗的傳道工作，曾遭遇到很多的阻礙和迫害，但當我在1873年訪問他們時，當地的傳教事工正處於興旺的狀態。所有教會與打狗的距離並不算太遠，所以每隔幾個禮拜，李庥先生就能夠到各個教會巡迴探視一次，因此他不必像台灣府的傳教士那樣，被迫得過度依賴本地的助手。另外，李庥夫人也是打狗地區傳道之所以成功的關鍵因素之一。有很長一段期間，李庥夫人是福爾摩沙島上唯一的白人女性，她不但跟著丈夫巡迴各教會，而且還在女

子學校裡任教,在許多方面幫助丈夫的傳道事業。

馬偕在淡水的宣教工作

　　福爾摩沙島上最近所建立的傳教區,位於北端的淡水,是在1872年由一位加拿大人馬偕先生所開創的。馬偕先生本來在偏遠地區傳道並擔任教師,後來到美國普林斯頓(Princeton)神學院進修,畢業之後又到蘇格蘭愛丁堡(Edinburg)做短期的進修研究。後來他受到海外宣教的使命感所呼召,在沒有任何機構的支援下,他憑藉著信靠上帝的旨意,來到中國尋找適當的獻身之地,就這樣,他來到了福爾摩沙。他先待在福爾摩沙的南部,瞭解英國傳教士的傳道工作情形,後來決定隻身前往淡水傳道。當時他一句河洛話也不懂,但六個月後,

● 馬偕拔牙圖【引自《福爾摩沙紀事》】

他竟然開始用河洛話傳道，此後更是成就非凡。為了有助於海外宣教活動，他之前就開始學習一些醫學上的知識，因此他到淡水後不久，就開了一間小診所，這間小診所讓他在福爾摩沙漢人之間的影響力大增❹。

截至1877年底，他在短短的五年之內，就已經開拓了十三間教會，除了一間之外，其餘皆位於漢人的村落。每一間教會都由一位他親自訓練的本地傳道人員來負責。信徒總數已經有一千人之多，雖然他只親自施洗了一百六十位。他也開設了五間學校，總共有八十位學生，這些學生都是基督徒的小孩。

淡水河流域豐饒山谷內的村落裡，住著富裕的漢人農民❺，馬偕先生在那裡奉獻了大部分的心力。當地有一些信徒，相當渴望馬偕先生能到他們那邊創立教會，所以他們就捐獻土地，甚至自己出錢出力蓋教堂，希望他能親自到來，並派遣傳道人駐在他們之中，引導他們的靈性生活。當地的傳道事業可說是自行拓展開來，正跟隨著馬偕先生的步伐快速傳播當中。

馬偕先生傳道事業的成功，招致了中國官員及文人學士的激烈迫害。就在此刻（1878年年初），據報導，馬偕先生甚至被脅迫得離

註

4. 譯按：想進一步瞭解馬偕博士在福爾摩沙的傳道醫療工作，請參閱前衛出版社出版的《福爾摩沙紀事：馬偕台灣回憶錄》，該書根據馬偕博士的紀錄編成，鉅細靡遺。如今台北、淡水的馬偕醫院就是紀念馬偕博士而成立的醫院。

5. 譯按：所謂富裕，相對於原住民而言，可能是真的。然而這些農民在漢人之中是相當貧窮的一群，而且都是中下階層沒有受過什麼教育的人。這一點，只要翻開《馬偕回憶錄》稍微讀一下就知道了。

開福爾摩沙，否則將有生命危險。他之前曾在新港（Sinkiang，即今苗栗縣後龍鎮）東邊的生番地區開拓一個教會，結果他所指派的漢人助手，以及幾個當地的基督徒，被附近的生番鄰居所殺害，並遭到了獵首。當時我人正好在福爾摩沙。

我在馬偕先生的住處，看到牆壁上掛著幾幅粗略的圖表和地圖，那是他用來教授地理和天文的教具。他正在訓練一群年輕的漢人，猶如過去在美國社區學校訓練當地的小孩一般。他在1877年12月4日時寫道：十三個教會全都有本地的助手在服務，這些人皆研習過《聖經》、貝斯德（Baxter）所著的《聖徒的安息》（*Saint's Rest*）、華生（Watson）所著的《系統神學》（*Complete Body of Divinity*）、波斯頓（Boston）所著的《人性四階段》（*Fourfold State*），以及「教會史」、「地理」、「天文」、「解剖學」、「生理學」等課程。

我與馬偕先生相處期間，對於他善於激發身旁學生的熱誠和激情的能力，感到十分驚訝。我認為馬偕先生的這項能力，至少有一部分得歸功於他那與生俱來的性格，這一性格與美國的基本精神不謀而合：在上帝之前，人人生而平等；所有的人類都是兄弟姊妹；以及由這些精神所孕育而出的，平等地對待所有人的生活習慣。馬偕先生對待漢人的方式，似乎比歐洲的傳教士友好、坦率得多。歐洲的傳教士雖然相信人類靈魂的價值，但因為本身懷有高低貴賤的概念，所以在與福爾摩沙的住民相處時，一舉一動都會不自覺地流露出，他們是在跟一個較低等的民族打交道的感覺。我這樣說或許太過於強調兩者的差異了，但我認為，這真的是一個值得所有傳道人員深思熟慮的最重要議題：究竟傳教人員在與傳教區內的人民相處時，是要表現得像是在執行一項令人不快的任務呢？還是要徹底拋棄自身的社會地位，放

● 馬偕和他的學生【引自《福爾摩沙紀事》】

下身段與傳教區人民站在一起，以博得他們較為堅定的認同與愛呢？

福爾摩沙宣教何以成功

　　當今福爾摩沙已經有四十間教會，分別由英國和加拿大的長老教會所開拓，每一間教會都有本地的傳道人員在全職服務，這四十間教會幾乎平均分佈於淡水、台灣府及打狗這三個傳教中心。目前島上有超過一千兩百個受洗的信徒，以及大約三千個經常參加禮拜的慕道友。

　　傳道工作之所以能在福爾摩沙的漢人之間取得傑出的成就，至少一部分要歸功於漢人移民到福爾摩沙之後，他們所受到的傳統家族的束縛已經大大地減少，因此比較容易接受全新的信仰。在中國本土，

人們很難公開地成為基督徒，因為一旦表白信仰之後，加諸在他們身上的宗族偏見及輿論，幾乎是不可承受之重。相對地，在福爾摩沙上，人們相當程度地混居在一塊，往往同一個村落內就居住了許多不同的宗族，因此其中的居民就得到了較大的自由空間。而且，很多移民既然渡海而來，可能心理上早已準備要放棄他們在中國大陸的種種包袱，也就比較能夠接受新的東西了。

相對於中國本土，福爾摩沙上的中國官方和文人階層的勢力也要小得多，而這些人通常就是反對基督教的主要勢力[6]。

原住民之間的傳道工作，尤其是在平埔番之中的傳道工作，之所以如此順利成功，必定跟兩百多年前，荷蘭人佔領福爾摩沙時所傳承下來的基督教傳統有很大的關係。如果能從平埔番的耆老處，收集調查這一流傳兩百多年的基督教傳統，一定相當有趣。至於中部的熟番，並沒有發現任何荷蘭人所遺留下來的文件，可能當時荷蘭人的勢力和傳教範圍，並沒有深入到福爾摩沙的中部山區吧！

近年來，熟番和平埔番的古老偶像崇拜似乎已逐漸廢棄，取而代之的，是一套粗糙原始的漢人祭祖儀式。因此，基督教的傳教士來得正是時候，此時舊的傳統已失去力量，新的祭祖儀式猶未確立穩固的基礎。另外，原住民對於漢人的敵意，可能也使他們較友善地接受來自另一個外來強權的任何事物，並期待這股外國勢力能伸出援手，解救他們脫離當前的困境。

註

6. 譯按：事實上，福爾摩沙的漢人基督徒，主要是來自這些從中國大陸移民到此的中下階層。

外國傳教士也企圖教化福爾摩沙東部山區的生番，但到目前為止，尚未有任何成果。這些生番似乎過於野蠻，根本無法理解基督教的真理，或看不出接受基督教對他們有什麼好處。也許他們需要經過較文明的民族的統治之後，才有可能接受基督教吧！

漢人幾乎佔領了福爾摩沙西部及絕大部分的肥沃土地，半開化的原住民已變得如此貧窮、債台高築，因此，基督教無法提供他們太多世俗上的協助，他們仍舊得忍受較強勢的漢人鄰居的踐踏和壓迫。但那些居住在埔社的熟番，或許是個顯著的例外，漢人的勢力似乎尚未在這片廣大山谷間站穩腳步。目前埔社已居住了四、五千個熟番，如果進行全面性開墾的話，還可以養活更多的人口。此地的熟番經過基督教的洗禮，已習得了克制、勤儉的習慣，假以時日，埔社很可能成為原住民基督徒的大本營。至於那些遷移到東海岸生番附近的平埔番，聽說也取得了一塊不錯的土地。

語言、助手及聖歌

外國傳教士在福爾摩沙傳道時，所使用的是廈門的方言❼，他們不只在漢人中間使用這種方言，也在原住民之中使用。因為原住民的人數稀少，所使用的語言也不止一種，因此並不適合用他們自己的母語來教導他們。平埔番早就以漢語為日常生活的語言，他們原本的母

註

7. 譯按：所謂廈門的方言，指的就是一般俗稱的閩南話，更正確的說法應該是河洛話，現在一般人講「台灣話」，指的就是河洛話，也有人說成福佬話或者閩南話，指的都是同一個語言。在本書中所指稱的漢語，絕大多數指的都是河洛話。

語已經完全失傳了。相對地，熟番在自己族群當中仍舊使用母語，但是幾乎所有人都能夠講漢語，尤其是年輕一輩的。甘爲霖先生有一次訪問埔社時，某位基督徒老婦人問甘爲霖先生，她不太會講漢語，能不能用熟番語來禱告。甘爲霖先生的回答讓老婦人含笑離開，因爲他對她說，上帝聽得懂任何的語言，無論是熟番語或者其他的語言，都可以用來禱告。

　　福爾摩沙教會的運作方式，是由傳教士指派經過基督教訓練的年輕人，前往各個教會擔任助手，全職駐守在該地。這位助手除了要定期講道領禮拜外，還要在平時開課教導基督徒的孩子。這些派駐各地的助手，大都不是他們所駐教堂附近的當地人，而是傳教士依當地的需要派去的。傳教士也會每隔一段時間，適才適所地調動這些助手。這種方式類似於衛理公會（Methodist Church）的「流動傳道」（travelling preachers）。

　　因爲教會的拓展快速，使得受過良好訓練的本地傳道人員變得不足，有些教會只好配置一些訓練較不充分的傳道人員。甘爲霖先生告訴過我很多有趣的講道內容，那是他在巡迴各教會時，從本土的傳道人口中所聽聞到的。

　　甘爲霖先生說，他某次偶然拜訪一個教會時，剛好聽到那位駐守該教堂的本地傳道人，正從那段描寫耶穌基督進入耶路撒冷的經文中，引出「驢駒子」（"A colt, the foal of an ass"）這句話來做講解。那位傳道人宣稱，這句話裡隱藏著一個極大、極深遠的奧秘，接著就轉移到其他話題，等到他將話題再度轉回到「驢駒子」這句話時，他只是再一次重複說當中含有深意，至於那極大的奧秘是什麼，他似乎也說不上來。另一個傳道人，舉了《舊約聖經》裡約拿（Jonah）被吞進

鯨魚肚子裡的記事，他引用一些非常奇怪的神學及動物學的陳述，解釋了半天，卻始終說不出這段經文的重點，最後他歡欣鼓舞地宣稱，約拿射殺了鯨魚而贏得勝利。還有一個本地的傳道人，他曾經聽過傳教士在禱告時，祈求上帝讓福音能夠傳遍到各地，於是他每次禱告的結尾，都是千篇一律地祈求上帝，讓福音能夠傳揚到福爾摩沙、澎湖群島、埃及和蘇格蘭。

難怪那些必須聆聽這類講道的可憐信徒，日漸喪失了耐性，已不太願意來參加禮拜，因為上教堂並沒有增加他們對上帝的認識。當傳教士與他們討論這一問題時，他們認為自己已十分熟悉基督教的教義，在家裡和田裡同樣可以自行禱告。

我認為在福爾摩沙上最有效的傳教方式，便是吟唱聖歌，不只在原住民的信徒當中如此，在漢人的教堂裡也是一樣。我們教會中常用的許多聖歌和讚美詩，已經被翻譯成有押韻的漢文，這類的翻譯似乎頗為容易，因為漢語是屬於單音節的發音系統。漢語聖歌的韻律與我們的相同，傳教士也試著教授信徒西方教會的標準曲調，但就音樂性來說，漢人信眾的吟唱實在很糟糕。每當我聽到漢人會眾在齊聲高唱時，就有趕緊用手指頭把耳朵塞起來的衝動，而且，只有等到他們唱完幾段之後，我才能約略地猜到他們可能正在唱 "Mear" 或《加冕》（"Coronation"）。但我發現他們唱得神采高昂，似乎很喜愛這些神聖的音樂，並深深地受到啟發。在馬偕先生的淡水傳教區，他所吟唱的聖歌傳得比他所宣講的道理更快，所以當他初訪某村落傳道時，可能已經有一群居民在吟唱聖歌歡迎他了。如果吟唱聖歌的效果良好，那麼支持傳教事業的人，實在沒有理由反對用聖歌來傳揚福音。相對於許多不適任的傳道人員，聖歌無疑傳揚了更多基督教的神

學及教義，只要還存在不適任的傳道人員，聖歌就會被繼續傳唱下去。

　　在原住民之間，基督教音樂的價值更為顯著，因為原住民比漢人更喜歡音樂。他們似乎不太接受歐洲的教會曲調，比較喜歡隨著自己的音感，配合他們祖先過去用於偶像崇拜的舞蹈節奏來吟唱聖歌。他們在正式的禮拜儀式結束之後，通常都會留在教堂，再唱好一陣子的聖歌，樂在其中。他們天生好歌喉，而且和聲美妙，很多人一起唱也很諧和。我跟他們相處時，教了他們幾首美國主日學校所唱的曲調，他們一下子就學會了，而且似乎很喜愛。我回到美國之後，福爾摩沙的傳教士曾多次來信告訴我，我所教的那些曲調，仍被他們廣泛地吟唱著。

羅馬字母拼音

　　傳教士在原住民及漢人的基督徒之間，引進了羅馬字母的拼音來讀寫他們的語言，即用羅馬拼音的方式，將漢人所說的河洛話記下，然後其不同的聲調，再另用附加符號在字母上標明。對於北美洲和南美洲的印地安人，以及其他缺乏文字系統的族群，傳教士也都採這套羅馬字母的拼音系統。在我寫這些福爾摩沙的記事時，他們已經出版了《新約聖經》及一本聖詩歌的河洛話版本，並在全島各教會中加以使用。當前迫切需要的，就是可供幼童使用的基礎教材。唯有藉助這類事物的影響，才有可能打破中國的古老秩序，進而引進西方的文明和科學。

　　現行中國文字（漢文）的重大缺點之一，就是使用上相當不方便。大家都知道，中國現時的矛、柳編盾牌、弓、箭等武器，跟現代

歐洲的裝甲艇艦、後膛裝彈來福槍比較起來，顯得相當落伍。但事實上，跟西方那套用拼音字母來代表字句及思想的文字相比，中國那套文字要落後得更多。如果古代北美洲印地安人所用的那種圖像文字繼續沿用到今日，應該會跟中文很相似吧！中文似乎也將本身所具有的僵固性，某種程度地灌注到它所表達的思想之中。因此，相對於西方人所特有的思想迸發性，中國人在每個方面皆顯得保守傳統，缺乏創新，這或許就是拜那套一點、一劃、一勾、一勒都僵固不變的文字所賜的吧[8]！

對這套已充滿過多任意符號的文字系統來說，要引進任何新的事物或概念，都必須特地造一個新詞，或者是重組既有的舊詞才行。所有的現代語言，都因為歷史和地理名詞的相似性，得到了某種程度的一致性，但中文卻是個例外。在中文裡，表達這些歷史和地理名詞的方式，是將既有的文字進行重組，但這些重組後的文字，不只本身毫無意義，甚至連讀出來的音都跟原文不一樣。如果用這種方式來書寫外國人的名字和他們的國名，並由中國人讀一次給他們聽，我敢說，這些外國人肯定不知道那是什麼玩意。在所有的現代語言中，沿用拉丁或希臘語根的科學名詞，幾乎已經成為彼此之間的共同語言，但這些科學專有名詞卻全然無法翻譯成中文。現代的宗教和科學思想若翻成中文，就會變得非常怪誕難解，如果再將之逐字重譯成原先的語言（用這種方式來檢驗某種語言的能耐，是相當公平的），那麼看起來會比

註

8. 校註：作者似乎在此段開頭處，引用了某段未知出處的引文，但不知道這段引文結尾於何處。

較像是古印度的神話故事，而非原先所表達的內容 ❾ 。

　　中文的另一個重大缺點，就是要充分地學會它，得耗費一番相當大的力氣才行。因此，中國學子在達到一定的能力，足以理解任何現代思想的中文譯本之前，早就變得過於驕傲或墮落，根本不會去重視這些現代知識。基督教在中國的傳教過程中，總是遭受到文人或知識階層最激烈的反對，照理說，他們應該是最有能力理解基督教眞理的人才對。相反的，基督教總是在最低下和最無知的階層之間，獲得最熱烈的回應。成千上萬本的中文聖經投入中國，卻幾乎毫無成果，這是因爲文人的驕傲或墮落，或兩者皆有？中國文人所受的教育，所閱讀的典籍，本質上就是反基督教的，中國的經典教育和基督教教義，兩者似乎水火不能相容。中國的宗教、教育和政府體系，似乎如此緊密地聯繫在一塊，因此，它們未來若不是共存，便是共亡了。當前中國這套文字得以繼續通行的主因，似乎就是因爲歷史悠久，使用的人數眾多。或許沒有人會宣稱，這套文字易於學習或使用，但支持它的人總是不厭其煩地強調，透過這一文字媒介，可以聯結四億五千萬個中國人。當然，如果這套文字眞的能夠延伸到如此廣大的人群，並爲他們帶來良善的影響，那麼上述的說法就另當別論了。

　　用羅馬拼音來書寫中國文字會有一個缺點，那就是，它會將中國分成幾個不同的國家。中國各地都有不同的方言，各地方言之間有很大的差異，不同方言地區的人是無法溝通的。因此，傳教士若要用羅

註

9. 譯按：本書作者史蒂瑞先生對於中國文字以及中國文化的偏見之深，主要是因為他完全不懂中文使然。本書校註者中央研究院李壬癸院士已經在本書「導言」中指出，茲不贅述。

馬拼音將書籍翻譯成中國各地的方言，同一本書就必須翻譯成一打以上的不同版本才行❿。不過，即便如此，其中任何一種方言版本所針對的受眾人數，還是遠遠超過很多個別國家的總人數。當初聖經翻譯成這些個別國家的文字版本時，曾有人提出異議嗎？

引進羅馬拼音的第一個優點是，中國的孩童就可以像我們美國的小孩子在學習英語那樣，能夠很快地從以羅馬拼音表示的文字上，學到該字的發音。因此，現在花費在記憶數以千計的漢字的時間，就可以用來學習真正的知識了。其次，中國人使用羅馬拼音後，就可以輕鬆地引進科學、技術方面的名詞，他們的語言就能夠隨著時代的需求而做改變，不會再像現在這般僵化難變了。至於歷史和地理的名詞，他們也能夠以拼音的方式直接引進，不必再翻譯成怪裡怪氣的漢字了。

透過羅馬拼音所進行的新式教育，具有實用性的優點，因此，一旦跟傳統的教育方式互相比較，人們應該很快就能看出新式教育的優越性。所以，新式教育可能會逐漸拓展開來，舊式教育最終只能步上被淘汰的命運。

新式教育的另一優點，就是可以全然擺脫當前中國教育所通用的四書五經等教材，使它們無法再對學子產生邪惡（或至少可疑）的影響，因為不至於有人會自找麻煩地將這些書籍翻成羅馬拼音才對。即

註

10. 譯按：中國固然有許多方言，但是文字老早就已經統一，這又涉及作者不懂中文的問題。其實中文的問題是在於它的文字和語言之間是分道揚鑣的。中國文字的口語化和現代化，要等到1919年之後胡適之等人大力成功的推展白話文運動之後，才有明顯的改革。

使真有人這麼做，也不會有人想讀，因為隨便哪一本書都比它們實際有用。

中國的傳教士至今仍不重視羅馬拼音，他們大多耗費多年的光陰來學習漢字，因此，對於這種古老的語言和典籍所懷的敬畏之情，或許讓他們看不到羅馬拼音的優點所在。

我得請求中國學者們的原諒，畢竟對於上述的議題，我的所見所聞還是相當有限。但就我停留中國期間，對於基督教學校及異教徒學校的觀察，我覺得羅馬拼音的價值被低估了，我也確信，羅馬拼音註定會成為推動中國再生的最重要媒介之一。

日本人的入侵

當荷蘭人在1626年 ⓫ 佔領福爾摩沙的時候，日本人已經在這個島嶼上佔了一小塊殖民地，而且，日本人肯定在很早之前就知道福爾摩沙的存在。直到相當晚近的時候，人們還普遍地存在福爾摩沙上的生番是日本人後裔的印象 ⓬ 。

1872年 ⓭ ，一艘來自琉球群島（Lao Chao islands）的日本船隻在福爾摩沙的南部海岸遇難，船上大多數的人員慘遭生番殺害和獵人頭，

註

11. 校註：應為1624年。
12. 校註：雖然有少數學者，例如川本崇雄和 Paul Benedict，積極地主張日本人和南島民族之間存在著關聯，但很少有語言學上的可靠證據，能夠證明福爾摩沙的原住民語言（南島語系）與日語（阿爾泰語系）有所關聯。參考Alexander Vovin（1994），"Is Japanese related to Austronesian?"（《日文跟南島語言有關聯嗎？》）*Oceanic Linguistics* 33（2）：369-390。
13. 校註：應為1871年。

只有十二個人逃到島上的漢人領域，他們後來被遣送回國。日本政府
依據當時西方國家的慣例，要求中國對此賠償負責，因為福爾摩沙被
稱為中國的領土。據說中國的外交官員表示，福爾摩沙的生番領域不
屬於中國管轄，要日本自行向生番討回公道。這個答覆似乎在日本人
的意料之中，也是他們所樂意聽見的，於是他們開始裝備一支強大
的遠征軍，準備開往福爾摩沙。這支遠征軍由西鄉從道將軍（general
Saigo）指揮，包括三艘大型戰艦，以及三千五百個士兵，隨行的還有
華生上校（Colonel Wasson）和其他美國官員。據說這支遠征隊真正的
海軍指揮官，就是美國的海軍官員卡塞上尉（Lieutenant Cassel）。

● 排灣族牡丹社的男女及服飾【引自《生番行腳》】

● 西鄉從道與歸降的部落頭目【2009/8/18引自http://academic.reed.edu/formosa/gallery/image_pages/
Other/Graphic-NativesSurr1875_S.html】

　　大約在1874年5月1日，這支遠征軍從日本出發，途中停靠廈門，
然後在福爾摩沙的瑯嶠港（the harbor of Lang Kiau，即今社寮港）登陸。
瑯嶠港接近福爾摩沙的最南端，約在打狗以南五十英里處，相當接近
牡丹社（Bawtan or Baotan）的領域，一般認為，該部落就是犯下這起
暴行的元兇。日本人進駐漢人的領域，佔領了楓港（Hong Kiang，即今
屏東縣枋山鄉楓港）和海寮（Hailiau）[14]這兩個漢人村落。

　　廈門的中國官員對此大為驚慌，立即向美國駐廈門的領事韓德森
先生表達不滿，因為一般認為，日本這次的遠征行動，實際上是由美
國的軍官所指揮的。韓德森先生於是來到福爾摩沙的日本佔領區，警
告所有的美國軍官，要他們注意美中兩國的友好關係。

　　日本人登陸後不久，就往生番的領域進發。生番們以他們傳統的

作戰方式，躲在岩石和樹叢之後，向前進的日本軍隊開火，等到日軍逼近時，再退到另一個隱密的地點埋伏。他們也在通往部落的深溝裡設置路障，並以火繩槍來嚴加防衛。然而，日本士兵所使用的，是後膛裝彈、威力強大的來福槍，以及用雙手揮動的利劍。生番們最終節節敗退，好幾個部落遭到日軍佔領、毀滅。就在這個時候，附近地區的生番頭目出面求和了。日本人造了一條通往生番領域的軍用道路，但他們大半個夏日都按兵不動，似乎在等待比生番更可怕的敵人的攻擊。同一個夏天的8月，韓德森先生逮捕了李仙得將軍。據信李仙得將軍當時正在前往福爾摩沙的途中，準備加入日軍的陣營。

李仙得將軍參加過美國內戰，之後被派任為駐廈門和福爾摩沙的領事，他在這個職位上待了好幾年。他數度訪問福爾摩沙，遍遊過該島，並曾跟一些生番部落簽訂條約，以保障遭遇船難的人員能獲得較佳的待遇。他也曾就這個議題，與中國官員進行過大量的通信，並試著勸說他們在南岬建造一座燈塔。因為上述的經歷，所以他相當瞭解福爾摩沙的情形，對當地的漢人也很熟悉。他很有可能就是日本這起侵略行動的幕後推手。

經過頻繁的外交往來後，韓德森先生最終被裁定為越權，雖然他當初是依據上級的命令才逮捕李仙得將軍的。李仙得將軍則獲得了釋放，並得到了道歉。

中國官方集結了沿海一帶的戰艦，並徵調了大批的軍隊，中日之戰似乎一觸即發。這時，英國駐華公使威妥瑪先生（Mr. Wade）挺身而出，擺平了這個危機。中國方面同意付錢了事，名義上是用來補償日本在福爾摩沙的修路及其他改善工程的費用，而日軍則同意引軍歸國。

未來的展望

　　對於歐洲的貿易國家而言，福爾摩沙將是一個非常有價值的島嶼，在不久的將來，這個島嶼可能會因為戰爭的賠償割讓，或以其他的方式，落入當中的某個強權手中。

　　福爾摩沙已經建立了糖業貿易，島上的茶葉種植也幾乎遍佈於所有可能接近的地域，因此，福爾摩沙輕易地就能成為有價值的附屬地，就像盛產咖啡的爪哇對於荷蘭那樣。然而，歐洲強權要治理福爾摩沙，並不能採用殖民歐洲人的方式。整個福爾摩沙西部已經住滿了漢人，不管這些漢人的祖先當初是用什麼手段取得這些土地的，此刻要將他們趕走，已是不可能的事。福爾摩沙東部的山區又過於陡峭、荒涼，只要其他地方還存在較為富饒平坦的土地，那裡對文明的歐洲人就不會有吸引力。

福爾摩沙及其住民

索引

福爾摩沙及其住民

福爾摩沙及其住民

國家圖書館出版品預行編目資料

福爾摩沙及其住民：19世紀美國博物學家的台灣調查筆記／
Joseph Beal Steere 著；林弘宣譯　--初版--　臺北市：前衛，
2009.12
306面：17× 23公分
譯自：Formosa and its inhabitants
ISBN 978-957-801-627-9（平裝）

1.臺灣遊記　2.臺灣史　3.臺灣原住民

733.6　　　　　　　　　　　　　　　　　　98017257

福爾摩沙及其住民

—— 19 世紀美國博物學家的台灣調查筆記

著　　者　Joseph Beal Steere
譯　　者　林弘宣
校　　註　李壬癸
責任編輯　周俊男
美術編輯　Nico
出 版 者　前衛出版社
　　　　　10468台北市中山區農安街153號4樓之3
　　　　　Tel：02-2586-5708　Fax：02-2586-3758
　　　　　郵撥帳號：05625551
　　　　　E-mail：a4791@ms15.hinet.net
　　　　　http://www.avanguard.com.tw
出版總監　林文欽
法律顧問　南國春秋法律事務所
出版日期　2009年12月初版第一刷
　　　　　2021年9月初版第四刷
總 經 銷　紅螞蟻圖書有限公司
　　　　　台北市內湖區舊宗路二段121巷19號
　　　　　Tel：02-2795-3656　Fax：02-2795-4100

定　　價　新台幣300元
©Avanguard Publishing House 2009
Printed in Taiwan　ISBN 978-957-801-627-9

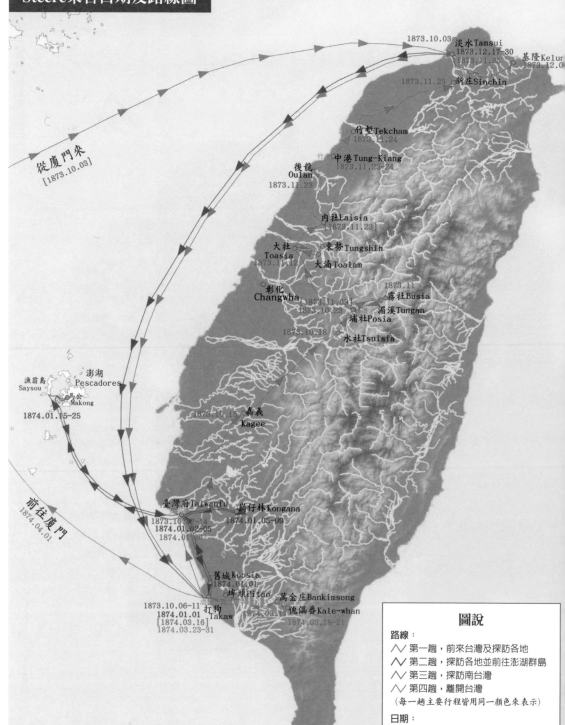

Steere來台日期及路線圖

淡水Tamsui 1873.10.03
1873.12.17-30
基隆Kelur 1873.11.25
1873.12.0

新庄Sinchin 1873.11.25

竹塹Tekcham 1873.11.24

中港Tung-Kiang 1873.11.23-24

後龍 Oulan 1873.11.23

內社Laisia [1873.11.23]

大社 Toasia 1873.11.12
東勢Tungshin
大湳Toalam

彰化 Changwha
1873.11.09
1873.10.23
1873.11
霧社Busia
湄溪Tungan
埔社Posia
1873.10.18
水社Tsuisia

從廈門來 [1873.10.03]

澎湖 Pescadores
漁翁島 Saysou
馬公 Makong
1874.01.15-25

嘉義 Kagee 1873.10.15

前往廈門 1874.04.01

臺灣府Taiwanfu 1873.10.12-14
1874.01.02-05
1874.01.0
崗仔林Kongana 1874.01.05-09

舊城Koosia 1874.01.01
坪頭Pitao
萬金庄Bankimseng
1873.10.06-11 打狗Takaw
1874.01.01 [1874.03.16]
1874.03.23-31
傀儡番Kale-whan 1874.03.18-21

圖說

路線：

∧∨ 第一趟，前來台灣及探訪各地

∧∨ 第二趟，探訪各地並前往澎湖群島

∧∨ 第三趟，探訪南台灣

∧∨ 第四趟，離開台灣

（每一趟主要行程皆用同一顏色來表示）

日期：

括弧內為離開的時間，其他則為抵達的時間，這期間便是停留的時間。

史蒂瑞訪台的路線及日期

廈門 —海路→ 淡水 —海路→ 打狗 —海路→ 台灣府 —陸路→ 嘉義 →
1873/9　　　　10/3　　　　10/4-6　　　　10/11-12　　　　10/15
　　　　　　　　　　　　　　　　　　　　10/14離開

水社 → 埔社 → 湄溪 → 埔社 → 大社
10/18　　10/23-11/9　　11月　　11月　　11/12
　　　　　停留兩周　　　　　11/9離開

(期間往返大湳) → 內社 → 後龍 → 中港 → 竹塹
　　　　　　　　11/19　　11/23　　11/23　　11/24

→ 新庄 —乘船→ 淡水 —乘船→ 基隆 → 淡水 —海路→ 打狗 —陸路→
　　11/25　　　　11/25　　　　12/5　　12/17　　　　12/31

舊城 —陸路→ 台灣府 → 崗仔林 → 台灣府 —海路→ 澎湖 —海路→
1874/1/3　　　1/4　　　1/5-9　　　1/10　　　　1/15

台灣府 → 打狗 → 萬金庄 → 傀儡番 → 萬金庄 →
1/26　　　2月　　　3/17　　　3/18-21　　　3/21-22
　　　　3/16離開

打狗 → 廈門 → 廣州 → 香港
3/23-31　　4/1　　4/10　　1874/5/1

【校註】

此路線圖的編製，大部分是根據「密西根大學史蒂瑞1870-1875探險遠行：史蒂瑞第一次探險遠行的行程與年表」，此一資料可能是由T. H. Hubbell於1964年10月12日所編纂的。